THIS IS MARKETING
ディス・イズ・マーケティング

You Can't Be Seen Until You Learn to See

セス・ゴーディン 著　中野眞由美 訳

あさ出版

レオ、アンナ、モー、サミー、アレックス、バーナデット、ショーンへ……。
そして、生活をより快適にしてくれるすべての新鮮な意見へ。

This edition published by arrangement with Portfolio, an imprint of Penguin Publishing Group, a division of Penguin Random House LLC through Tuttle-Mori Agency, Inc., Tokyo

本書の内容

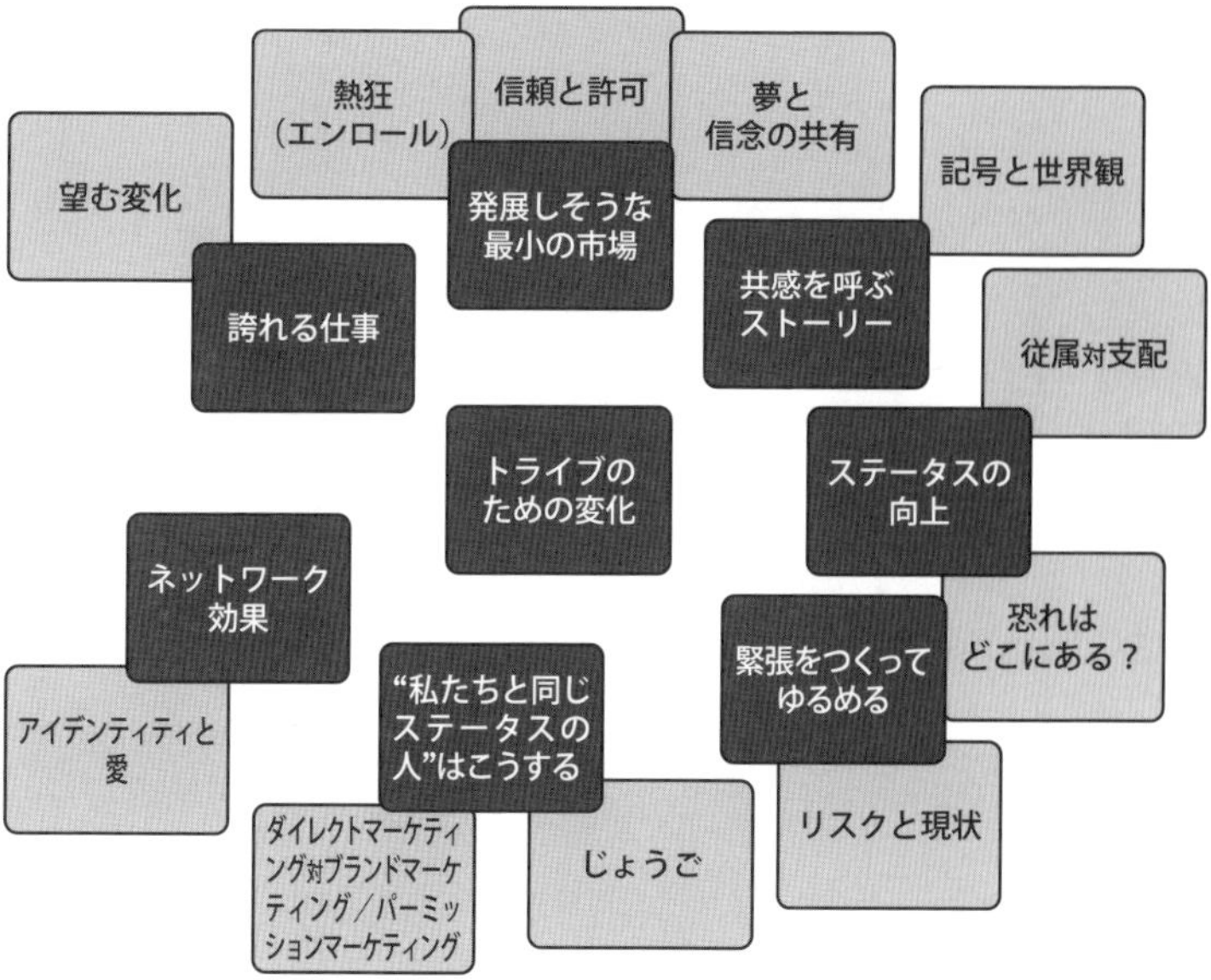
信頼と許可
熱狂（エンロール）
夢と信念の共有
望む変化
発展しそうな最小の市場
記号と世界観
誇れる仕事
共感を呼ぶストーリー
従属対支配
トライブのための変化
ステータスの向上
ネットワーク効果
恐れはどこにある？
緊張をつくってゆるめる
“私たちと同じステータスの人”はこうする
アイデンティティと愛
リスクと現状
ダイレクトマーケティング対ブランドマーケティング／パーミッションマーケティング
じょうご

まえがき

私たちの周りは〝マーケティング〟だらけだ。

物心がついたときから、いまこの本を開くまで、どっぷりとマーケティングに浸かっている。道路脇の看板のロゴを読むことを覚え、マーケター（マーケティング従事者）が資金を投じてつくったものに、時間とお金を費やしている。

いまやマーケティングは、湖や森以上に現代社会の一部になっていると言っていいだろう。ほとんどの人が、ブランド力や市場でのシェアの大きさ、フォロワー数などを気にしている。それにともない、多くのマーケターが過剰な宣伝にほとんどの時間を費やし、少しでもビジネスを大きくしようとしている。

仕事に関するほとんどの質問の答えは、「誰があなたを助けることができますか？」という問いの中にある。

しかし、そろそろ〝マーケティング〟を変えるときだ。

世の中に思い通りの変化を起こし、社会をより良くするために、ビジネスを大きくするために、そして、何より大切な人たちを守るために。

大きく育ったひまわりは、地面深くまで縦横無尽に根を張り巡らせている。そうでなければ、高く伸びることはできない。

本書はその根っこの伸ばし方、つまり消費者の夢や望み、コミュニティに、ビジネスを根付かせる方法について書いている。人々をより良い方向に変え、誇りに思える仕事をつくり、ただ市場に流されるのではなく市場を動かすための本である。

マーケターには、プロダクトやサービスを気に入ってくれる人のためにできる重要な仕事がある。

マーケター、もしくはアイデアを出す仕事に就いている人なら、本書が必ず役に立つだろう。

アイデアは勝手に市場に広がらない

優れたアイデアであっても、すぐに市場に受け入れられるわけではない。あのアイスクリーム・サンデーや信号機でさえ、普及するのに何年もかかっている。

というのも、優れたアイデアには、〝大きな変化〟が必要だからだ。アイデアだけでは、広まろうとしても現実の壁にぶち当たり、習慣の強い力に押し流されてしまう。

ただでさえ、人間は変化を嫌う生き物だ。さらに、不安を煽る情報や疑いの目が世の中にはたくさんある。そのため、たいていの人が、どんなに面白そうなアイデアであっても、ほかの誰かに先に試してほしいと考える。

寛大で洞察力が求められるマーケターの仕事をするには、協力者を探さなければならない。そして、あなた自身に、変化を起こすという意志がなければ、アイデアを世の中に広め、大成功することはできない。

市場がプロダクトやサービスの価値を決める

すばらしいものをつくった。生活のためにお金を稼がなければいけない。上司はもっと売上を伸ばしたがっている。配慮が必要な重要な非営利団体は、資金を集めなければならない。支援している政治家の得票数は伸び悩んでいる。上司にプロジェクトを承認してもらいたい……。なのに仕事も増えなければ、アイデアも広まらない。コミュニティが本来あるべき状態ではない。自分の大切な人たちは、望みを叶えられていない。

支援する政治家にはもっと票が必要だし、仕事で充実感を得られず、顧客も不満を抱えている……。

なぜうまくいかないのか。

もしあなたがこういう状況なら、それはマーケティングに問題がある。

マーケティングは、変化を起こす行動だ。ただ何かをつくって終わりではない。

たとえば、上司の気持ちや学校のシステムを変える。要望に合わせて商品を変える。TED

マーケティングとは

- より多くの市場のシェア、より多くの顧客、より多くの仕事など、「より多く」を求めること。
- より良いサービス、より良いコミュニティ、より良い顧客など、「より良い」ものによって動かされること。
- 文化、地位や仲間、一般人をつくること。
- 変化そのものである。
- 文化を変え、世の中を変えること。
- マーケターは変化を起こす。
- 私たち１人ひとりがマーケターであり、それぞれが想像以上の変化を起こす能力を秘めている。誇りに思えるマーケティングをすることは、チャンスであり、義務でもある。

で話をする、上司に給料の値上げを要求する、地元に遊び場をつくるために資金を調達する、職場で自分の部署を大きくしようとする。

これらすべてがマーケティングだ。

長いあいだ、マーケティングといえば広告を意味し、予算権限は上層部のものだった。だが、いまはちがう。

ツールがたくさんあり、マーケター個人のアイデアで様々なことを変えられる。そもそもマーケター自身、誰か、もしくは何かを変えなければ、社会にインパクトを与えられない。マーケティングで世の中を変えるには、「緊張」をつくってゆるめることだ。あなたが、世の中に文化的な土台をつくり、ステータスの役割を理解して、変化をうながす（または維持する）のである。

だがその前に、マーケターとしてあなたは、そもそもどんな変化を起こすのかを考えなければならない。そして、人と協力しながら、相手の望むものを探す手伝いをする必要がある。

映画監督であり、テレビ番組の制作総指揮者でもあるブライアン・コッペルマンは「映画への答え」という表現を使っている。まるで映画そのものが問題であるかのようだ。

たしかに映画は、熱狂（エンロール）を起こし、受け入れてもらい、ストーリーを聞いてもらうチャンスを得たあと、インパクトを与えるには、観客（あるいは、プロデューサーや俳優、監督かもしれない）をつかめるかどうかが問題だ。

マーケティングも同じだ。

聞き手が共感するストーリー、ずっと聞きたいと思っていたストーリー、信じたいと思えるストーリーでなければならない。聞き手を引き込み、すべてのストーリーを公開したとき、聞き手の問題が解決し、誓った約束が果たされなければならない。

マーケティングに関する疑問があるとすれば、答えもきっとあるはずだ。

だがそれは、探さなければ見つからないのである。

マーケティングとは、不満に耳を傾けること

不満を活かすいちばんいい方法は、状況の改善だといわれている。

だが、そもそも情報を広められなかったり、アイデアを共有できなかったり、報酬がもらえなかったりすれば、状況を改善するのはむずかしい。

状況を改善する第1ステップは、より良いものをつくることだ。

とはいえ、自分1人で、誰とも関わらずにより良いものをつくることはできない。

良いものかどうかは、市場がそれを受け入れた変化でわかる。変化は社会がプロダクトやサービスを受け入れてより良く変化したときに起こり、消費者の夢が叶ったときにわかる。

マーケターは、変化を起こすことでものごとを改善し、変化を起こす。つまり、マーケティングとはより良いものをつくるプロセスの共有のことであり、実は誰でもできることなのだ。

北極と南極の地磁気はおよそ30万年ごとに入れ替わり、地球の磁場は反転している。文化は、それより頻繁に傾向が真逆になる。

真北、つまり、いまもっとも効果のあるマーケティング手法は、過去とは真逆になっている。わがままな大衆にすがって効果を上げていたマーケティングは、いまや共感と貢献に頼っている。

わかりやすいロードマップもなければ、簡単にのぼれるステップもないが、本書は進むべき方向を示すコンパスになるはずだ。このコンパスは使えば使うほど、正確になっていく。

本書は、レクチャーおよび、参加者同士でコーチングを行う100日間のセミナーがもとになっている。セミナーのサイトでは、何千人ものマーケターを集め、行った施策のプロセスを掘り下げてほかの人と共有し、何が効果的かを見極めるための課題を与えている。

本書を読むことで、仮定を立て直す必要が出てきたり、慣習に疑問を感じたりすることもあるかもしれない。そのときは、やり方を調整したり、試したり、評価したり、繰り返したりしてほしい。

マーケティングはマーケターの使命の1つであり、社会に前向きな変化を起こす仕事だ。

あなたがこの旅に参加してくれたことをうれしく思うし、必要なツールが見つかることを願っている。

セス・ゴーディン

本書に記載しているアイデアは、左記のサイトで紹介している。

www.TheMarketingSeminar.com

目次

第3章 信じてくれる消費者は「成長しそうな最小の市場」にいる

第4章 より良いものを生み出すための「共感」の技術

第5章 一般的な商品を超えて「強み」をつくる

第6章 思い通りの結果を出すために大切なこと

第7章 「最小の市場」で生き残り続けるために

第8章 消費者は自分と同じステータスの人にとらわれる

第9章 消費者を動かす「緊張」の力

第10章 消費者の変化をとらえるツール「ステータス」

第15章 取引をうながす「パーミッション」と「注目」

第16章 「信用」で忠実な顧客を集める

第17章 「トライブ」をつくり市場を導く

第18章 マーケティングは必ずうまくいく

DTP・図表／横内俊彦

第 1 章

大衆向けでもスパムでもない、恥ずかしくないマーケティングを始めよう

これからのマーケティングのカギは「信用」

マーケティングはつねに変わり続けているが、私たちマーケターはその変化に追いついていないのが実情だ。次に何をするべきかわかっていないから、不安なときは感情的になったり、追いつめられて視野が狭くなったり、市場を広げるよりもライバルの市場を奪おうとしたりする。うまくいかないと、必要な情報が十分に与えられていないからだと思い込む。

ほとんどの人は、大量消費社会で育った記憶があるだろう。もう機能しなくなったその古い時代のやり方を、マーケターはまだ続けようとしている。

マーケティングは、問題解決の手伝いをする寛大な行為である。それも、自分の問題ではなくほかの誰かの問題だ。脅したり、しつこく営業したり、無理強いしたりするような行為ではなく、人を応援し、社会をより良くするチャンスをつくり出す行為なのだ。

インターネットは、マーケターを喜ばせない初のマスメディアだ。テレビは広告を流すために発明され、ラジオはラジオ広告を放送するためにつくられた。

インターネットは、広告で人の意識を邪魔するためや、一般大衆向けにつくられたものでもない。最大のメディアであり、最小のメディアでもある。インターネットにはメインとなる一般大衆がいないので、お金のために大衆の関心を邪魔することはできない。

インターネットは無料で使える広大な〝メディアの遊び場〟のようなものだ。そこではどんなアイデアも誰かに見つけてもらえる。インターネットは何十億ものちっぽけな〝ささやき声〟の集まりであり、終わりのない気ままな会話だ。だが、言い換えると、たくさんのアイデアが集まる場所なので、あなたも、あなたの仕事も、滅多に話題にはならない。

大げさな広告はストーリーの邪魔をする

長いあいだ、企業が社会に大きな変化をもたらす手法はシンプルだった。広告にお金をかけることだ。広告は効果的なわりに安上がりで、必ずもとが取れた。それに、広告をつくるのは楽しかった。一度にたくさんの人に届けられ、コストに見合った収益が手に入るので、頼りになった。

おそらく多くのマーケターが自分の仕事は広告づくりだと思っているだろう。これは仕方のないことだと思う。私のこれまでの人生でも、マーケティングとは広告を表していた。

しかし、その時代は終わった。

これからは広告をつくるのではなく、自分で「マーケティング」をしなければならない。

そのためには、自分以外の人と同じ目線で物ごとを見て、緊張を生み、トライブ（同じ目的意識を持つ仲間）と協力しあい、広まりやすい形でアイデアをつくる。

SEO（検索エンジン最適化）の専門家は、社名がインターネット検索で引っかかるようにしてくれるし、フェイスブックのコンサルタントは、特定の人の関心を引く方法を教えてくれる。広告のプロは、プロダクトやサービスの記事や概要などをつくってくれる。

しかしこれは、もはやマーケティングではない。

マーケティングは正しく行う必要があるが、そのために、まずすべきことがある。当たり前だが、カギをつくってから、カギに合うカギ穴を探すような人はいない。ふつうはカギ穴に合わせてカギをつくるはずだ。

マーケティングは、いまあるアイデアに合ったプロダクトやサービスの顧客を見つけるよりも、顧客が求めるプロダクトやサービスをつくるべきだ。

ところが、短期間で巨額の利益を上げようと、プロダクトやサービスの顧客を見つけるために、とんでもない行為を平気でするマーケターがいる。スパムメールの送付や洗脳、押し売りなどだ。このような大衆の気を引くために真実を隠すやり方は、まともなマーケターのすばらしい仕事を台無しにし、市場主導のやり方を胡散臭く感じさせてしまう。それはよくない。

実のところ、優れたマーケティングは決してしつこくない。

マーケティングは、誰かが自分の望む姿になるのを助ける寛大な行為だ。そのためには、偽りのないストーリー（共感を生み、話題になるストーリー）づくりが必要で、マーケターは解決策と同時に、人が問題を解決して前に進む機会を与える。

アイデアが広まれば、社会が変わる。

マーケターがつくるのは、なくなったら困るもの、人に何かしらの意味やつながりや可能性を与えるものだ。

成功するマーケティングは、顧客の世界観と求めるものを理解し、顧客とつながりをつくる。だから、自社のプロダクトやサービスがなくなれば顧客を不自由に感じさせ、信用してくれる顧客に期待以上のものをもたらすことに力を注ごう。被害者ではなく、自発的に協力してくれる人を見つけるのだ。

マーケティングをする人が増える兆しがあるが、それは自分の力でもっとうまくできると思っているからだ。自分のやることが社会で必ず役立つと確信しているので、すでに市場で戦う準備ができている。あなたもその１人だろう。

先ほど紹介したマーケティング手法（大げさな広告、詐欺、しつこい営業など）は、どれも強引だ。そんな方法は、長い目で見ればうまくいかないことはわかりきっている。

いまは、どんな人でもできるもっといいマーケティング手法があるのだ。

ここで、強引な手段をとらずにたくさんの顧客を獲得したある企業の例を紹介しよう。

ケーススタディ

強引な手段をとらずに成功したペンギン・マジック

ペンギン・マジックは、インターネットショップの会社だ。

だが、アマゾンなどによくあるような、ただの手品用品のネットショップではない。観客が何を望み、何を信じているかを完璧に理解することで、ペンギン・マジックは大きく成長したのだ。

ペンギン・マジックははじめに、サイトで販売しているすべてのアイテムを動画で紹介した。当然ながら、動画ではトリックまでは明かさない。「緊張」をつくったのだ。トリックが知りたければ、その手品を買う必要がある。

現在までにサイトやユーチューブにアップされている動画は、10億回以上再生されている。配信コストはゼロだ。

次に、意識する客層を変えた。

プロのマジシャンは手品を滅多に買わないことに気づいたのだ。プロは手品のネタを10～20種類持っていればいい。なぜなら、観客は毎晩変わるので、同じ手品を披露しても構わないからだ。

一方素人の場合、観客はいつも同じ（友人や家族）なので、つねに新しいネタを探している。

また、ペンギン・マジックでは、どの商品も詳細なレビューがある。それも、イエルプ（ローカルビジネスレビューサイト）やアマゾンに集まる一般人ではなく、マジシャンによるレビューだ。彼らの目は肥えているので、いいものはちゃんと評価する。サイトにある8万2000以上のプロダクトにはたくさんのレビューがついている。

その結果、ペンギン・マジックの在庫の回転率は非常に高くなった。

クリエイターはライバルの仕事ぶりを見ると、さらにいいものをつくろうと躍起になるものだ。ペンギン・マジックでは、通常アイデア出しから製品化まで年単位の開発サイクルが、1カ月しかかからないこともある。

いまでは、サイトに掲載されている商品以外にも、1万6000以上の商品がある。

ペンギン・マジックはこれからも、コミュニティ（数万人の顧客のメーリングリストを所有している）とのつながりだけでなく、コミュニティ全体とつながるための投資を続けていくはずだ。

これまで300回の講演を開催し、それらはマジックのTEDトークになっている。また、100回近く、コンベンションライブも行っている。

マジシャンが互いに学び合えば合うほど、ペンギン・マジックが繁栄する可能性も高くなる。

ソーシャルメディアから脱却のとき

あなた自身は決して時代遅れではないのに、なぜか強引なやり方をしてしまってはいないだろうか。

たとえば、キックスターター（クラウドファンディングサイト）で立てたプロジェクトの期限が迫っているため、知り合いのインフルエンサー全員にメールを送り、リンクを貼ってほしいとお願いした（全員から無視された）。

コンテンツ制作会社で働き、自分の書いたつまらない記事で恥をかいたのに、記事がどれだけクリックされているかが気になり、しきりにチェックする。

ほかの人はお金でフォロワー数を増やしていると知りながら、インスタグラムのフォロワー数をグラフ化している。

プロダクトやサービスが高すぎると言われて価格を下げたが、収益につながらない。

これらはどれも古いやり方、つまり産業化された強引なやり方で、かつて次世代のために近代化されたものだ。

だが、そんなやり方より、もっと効果的な手法がある。簡単ではないが、段階を追えばうまくいくはずだ。

ソーシャルメディアから脱却するときがきた。ソーシャルメディアは、メリーゴーランドのようにどんどん回転速度が上がるが、どこにもたどり着かない。

だから、消費者に強引な営業をし、ムリヤリ注意を向けさせるのはやめよう。

迷惑なメールに歓迎するふりをしたり、もっとお金がほしいのに一般人向けに一般的なものをつくったりしなくていい。

「買ってください」と頼み込むのも、報酬をもらって罪悪感を抱くのもやめよう。

近道を探すのではなく、未来につながる長い道を探すときがきたのだ。

マーケティングとは何か

私はビジネススクール卒業後に、設立まもないソフトウェア会社・スピネーカーに入社し、1983年に若くしてブランドマネジャーになった。そして、突如数百万ドルの予算を与えられ、広告代理店の人と豪華な昼食をとりながら、急いでチームがつくったソフトウェアの宣伝に取りかかった。

しかし、広告はまったく受け入れられず、宣伝費をすべてムダにしてしまったにもかかわらず、なぜかソフトウェア自体は売れた。

それ以降、たくさんのプロジェクトを立ち上げ、企業や個人に商品やサービスを提供し、ゲリラマーケティング（低コストで慣例にとらわれない手段を使った広告戦略）の父、ジェイ・レビンソンや、ダイレクトマーケティングの提唱者であるレスター・ワンダーマン、ストーリーテリングの第一人者ベルナデッタ・ジワとも仕事をしてきた。私のアイデアによって数十億ドルの売り上げを上げる企業がいくつか生まれ、主要な慈善団体でもほぼ同額の資金を集めている。

そのなかで成功に気づき、失敗の理解に多くの時間を費やした。関心を持っているプロジェクトや組織とのトライアル・アンド・エラーはまだ続いている（ほとんどはエラーだが）。

そしていまは、現代の人や社会の状態に合わせたマーケティングのコンパスを手にしている。コンパスの使い方は単純だが、受け入れるのは簡単ではない。忍耐、共感、敬意が必要だからだ。

これまでのマーケティングはもうやるべきではない。一般的な人に一般的な商品を売るために、お金で消費者の関心を買う短絡的なやり方は時代にそぐわない。

人がどのような夢を見て決断し、行動するのかをつかむ方法は、学ぶことができる。

マーケターは、つねにアイデアが人から人へ広まる手助けをし、変化を起こしながら仲間を巻き込んでいく。消費者の生活をより良くし、その人が望む自分になるのを手伝うことができれば、あなたは立派なマーケターだ。

マーケティングの5つのステップ

第1ステップ

価値のあるものをつくること。それも、誰かに伝える価値のあるストーリーを備え、伝える価値のある社会貢献ができるもの。

第2ステップ

少数の人が恩恵を受け、その人たちが気に入る設計や構築を行うこと。

第3ステップ

プロダクトやサービスと、ごく小さなグループ、つまりもっとも小さくて成長する市場の夢とマッチするストーリーを語ること。

第4ステップ

みんなにワクワクしてもらうこと。その結果、情報が広まる。

第5ステップ

何年間も（定期的に、一貫して、十分に）注目を集め、変化を起こしながら自身を体系化し、導き、築いていくこと。顧客にフォローアップする許可をもらい、自分の考えを教えるために熱狂を起こす。

アイデアは広まったものが勝つ。

マーケターは、消費者が本当に望み、期待する、パーソナルで、適切なメッセージの発信によって、変化を起こすことができる。消費者を利用して自社の問題を解決するようなことはせず、むしろほかの人の問題を解決するためにマーケティングを活用するのだ。

マーケターには、消費者が自分の望むものを望んでいない、自分の信じるものを信じていない、自分が気にすることを気にしていないことを理解できる共感力が必要だ。おそらくそれは、これからも決して変わらない。

私たちの文化の中心には、ステータスへの執着や、人とのかかわりで自分の役割を認識しようとする思い、将来への強い希望がある。

人はつねに所属先など、社会的な役割をもとに、どこに、どうやって行くのかを決める。だから、継続的に一貫性のあるストーリーを発信することで、受け手（顧客）の関心と信用と行動を獲得できるのだ。

「ダイレクトマーケティング」「ブランドマーケティング」というマーケティング手法がある。それぞれ違うものだが、どちらも適切な人のために適切なものをつくる、というマーケターの1つの決意がもとになっている。

アイデアがあふれ出すと、アーリーアダプター（初期採用者）からキャズム（溝）を飛び越えて一般大衆へと広がる。

だが、毎回そうなるとは限らない。

人の関心は貴重な資源だ。なにしろ、人の頭のなかは不安や悩み、考えるべきことがたくさんある。賢いマーケターは、消費者が共感し、覚えやすい方法で、たやすくプロダクトに関心を持たせる。

マーケティングは、何をどうするかから始まり（たいていは、終わりも同じ）、モノができて出荷されたあとに始まるものではない。

戦術ではちがいを生み、戦略（生き方、ストーリー、約束に対するコミット）で変化を起こすことができる。

変化を起こしたいのなら、「文化」をつくるところから始めることだ。結束の強い仲間とグループをつくり、人に共感してもらうことだ。

文化は戦略を打ち負かす。つまり、文化そのものが戦略でもあるのだ。

優れたマーケターが理解している真実

最後に、優れたマーケターが理解している、マーケティングにおける6つの真実をお伝えしよう。

①献身的で創造的な人々は、世の中を変えることができる。あなたもいますぐ世の中を変え、自分では想像もできないほどの変化を起こすことができる。

②すべての人を変えることはできない。「これは誰のため?」という問いは、行動に集中し、信じてくれない人たちに対処するときに役に立つ。

③意図的に起こした変化こそが、もっとも優れている。「これはなんのため?」と考えるのは、仕事を行ううえで大切な姿勢である。

④人間は自分にストーリーを語る。それは自分にとっては完全な真実である。そのため、相手を(あるいは自分を)ムリヤリ説得するのは愚かである。

⑤人間は、「いつも同じようなストーリーを自分に語る人」と「地位や要求をもとにいつも同じような決断をする人」という既成概念にとらわれるグループに分けられる。

⑥自分が語る自分自身の話より、他人が自分について語る話のほうが大切である。

あなたはどれくらいこれらの真実を理解できていただろうか。

次章から、マーケティングにおけるこれらの真実とやり方をくわしく紹介していこう。

第 2 章

マーケティングは
ストーリー、つながり、体験を通して
消費者を変える

価値のあるストーリーは思いやりから生まれる

人々の頭のなかにはストーリーがあり、そのストーリーが世の中をどう体験するかを決めている。おもしろいのは、人それぞれストーリーがちがうところだ。

ケーススタディ　必要な人に老眼鏡を売ったビジョン・スプリング

数年前、ビジョン・スプリングが直面している課題を理解するため、少人数のチームでインドのある村を訪れた。

ビジョン・スプリングは社会的企業（事業を通じて社会問題の改善を図ることを目的とする企業）で、世界中に10億人といるであろう老眼鏡が必要なのに持っていない人に、眼鏡を提供している。

平均寿命が30〜40歳くらいだった時代では、50代から老眼鏡が必要になることは問題にすらならない。ところが、寿命が延びたことで、健康で活動的なのに仕事ができなくなってきたと感じる人がどんどん増えてきた。文字が読めず、手元が見えないからだ。織工や宝石職人、看護師となれば、老眼鏡がなければまったく仕事ができないこともある。

そこで、ビジョン・スプリングが考えた戦略はこうだ。おしゃれな眼鏡を2ドル程度の低コストで大量生産し、世界中の村に持ち込み、地元の巡回販売員と協力して3ドルほどで売る。製造コストと定価との差額1ドルは、発送費や地元でかかる人件費、組織が成長し続けるためのコストがなんとかまかなえる額であった。

販売するためにテーブルを設置すると、何が始まるのかとたくさんの人が集まってきた。とても暑い日だったので、あまりすることがなかったのだろう。

男性はシャツの前にポケットがついている、刺繍がほどこされたインドの伝統的な作業シャツを着ていた。生地が薄いので、全員のポケットにインドのお金、ルピーが入っているのが見えた。

そのとき、次の3つのことに気づいた。

① 見た目で年齢を推測すると、老眼鏡が必要そうな年齢の人がたくさんいる。
② 老眼鏡が必要そうな人たちのほとんどは老眼鏡をつけていないし、手にもしていない。おそらく持っていないのだろう。
③ テーブルの周りにいるほとんどの人は、ポケットにお金を入れている。1日の稼ぎが3ドルの人にとって老眼鏡は高価だろうが、お金は持っている。

村人たちが1人、また1人とテーブルに集まってくると、ラミネート加工された視力検査のシートを1人ずつ手渡した。検査シートは字が読めなくても、どんな言語を話す人でも検査できるようにつくられている。

その後、ラミネートシートを持っている人にサンプルの老眼鏡を手渡し、ふたたび検査をしてもらった。すると、男女を問わず、全員その場で完璧に見えるようになった。老眼鏡のおかげだ。最新の技術ではないが、じゅうぶん安心して使えるものだった。

それから老眼鏡を外してもらい、鏡を手渡して10種類の老眼鏡を見せた。どれも新品で、小さなプラスチックの袋に入っている。

ところが、テーブルに来た人のなかで老眼鏡を買ったのは、約3分の1にすぎなかった。

私は不思議に思った。65%の人が老眼鏡を必要としていて、しかもお金を持っているのに、買わずに帰って行ったからだ。

買わないなんてありえない。老眼鏡の試着は1時間後に終わろうとしていた。メガネの価格は適切で、信用できる技術でつくられているので造りも確かだ。なのに、何を間違えたのだろう。

太陽の下で1時間座り、何が問題なのかを懸命に考えた。マーケターとして行ってきたすべての仕事が、この瞬間に導いたかのように感じた。

そこで、1つだけプロセスを変えた。

テーブルからすべての老眼鏡を片づけたのだ。

そして、列に並んでいた人たちが老眼鏡の試着を終えたあと、彼らにこう言った。

「さぁ、これがあなたの眼鏡です。これでよく見えるようになり気に入っていただけたら、3ドルお支払いください。いらないようでしたら、ご返却をお願いします」

つまり、ストーリーを変えたのだ。

はじめは「買い物をするチャンスです。おしゃれになって、目がよく見えるようになるプロセスを楽しんでください。自分で選んで買って所有する感覚を味わってください」と伝えていたのを、「いま手にしている眼鏡を手放したいですか。それとも、お金を払って必要なものを持ち続けたいですか」に変えた。

所有欲が刺激され買いたいと思うか、必要なものを失いたくないと思うかだ。

貧困のなかで育つと、裕福な人が買い物をするときに感じる喜びなどは想像もできない。それも、これまで買ったことがないものを手にするスリルを味わうために、買い物をするなんて。

買い物はリスクをともなう。たいていの人は新しいもの、すばらしいものを探すのに時間とお金を費やしている。そんなリスクを冒せるのは、命取りにならないからだ。失敗しても夕食は食べられるし、健康診断は受けられる。

それに、失敗しても死なないだけでなく、明日もすぐに買い物に行くだろう。

郊外のショッピングモールに来る10代の若者なら、眼鏡が試着できず、デザインも選べないとなると怒るはずだ。

それに、たいていの人は、中古の眼鏡はほしくないだろう。たとえ、たった1回しか使われていなくても、誰だっておしゃれな新品の眼鏡のほうがほしい。

だが、自分が知っていることはほかの人も知っている、自分がほしいものはほかの人もほしがる、自分の信じていることをほかの人も信じているはずだと考えたところで、あまり意味はない。

私は村の人たちは買い物を自分と同じように、あるいは、欧米の眼鏡ショップと同じようにとらえていないのかもしれないと思い、ちがう目線で考えた。買い手は、新しいものを買うことを楽しい行為ではなく、脅威と思っているかもしれないと。

眼鏡を買うときの私のストーリーは、列に並んでいる村人のストーリーと合うかもしれないし、合わないかもしれない。このストーリーはあくまでも私のものであって、村人のストーリーと合わなくても、押しつけるわけにはいかない。

ものごとをより良くするには、相手を十分に気遣い、聞く価値があると思わせるストーリーを考えることだ。相手に十分に思いやりをもってそのストーリーを共有し、相手が自信をもって行動できるようにしなければならない。

マーケターは「感情」を売っている

ハーバード・ビジネス・スクールのマーケティングの教授、セオドア・レヴィットが言った有名な言葉がある。

「人は4分の1インチ径のドリルがほしいのではなく、4分の1インチの穴がほしいのだ」

わかりやすく言うと、ドリルは単なる道具で、目的達成のための手段でしかなく、人が本当にほしいのは「ドリルでできた穴」ということだ。

だが、これも厳密にいえばちがう。誰も穴をほしがっているわけではないからだ。人がほしがっているのは、壁に穴を開けたあとに取り付ける棚だ。

そして、壁に取り付けた棚に物をしまい、すっきりと部屋が片づいた感覚を味わいたい。あるいは、自分で棚をつくった満足感も得たいのかもしれない。棚をつくったことをパートナーに褒めてもらって、家庭での立場を上げたいのかもしれないし、寝室が散らかっていない安心感と清潔感による、心のやすらぎがほしいのかもしれない。だから、4分の1インチの穴をほしがる。

勘のいい人はもう気づいただろう。

本当は、人は4分の1インチ径のドリルがほしいのではなく、安心感と敬意がほしいということに。

本書を読んでいる人のなかで、車を売っている人は少ないかもしれない。だが、ほとんどの人は車を持っているだろう。

ここでじっくり考えてほしい。なぜ、あなたはその車を買ったのか。

絶対にオフロードを運転しない人が、なぜトヨタのランドクルーザーに9万ドルも支払うのか。たいていの人は、3秒以内に時速60キロまで加速すれば十分だと思っている。だが、なぜ別料金を払って、テスラの3秒以内に時速100キロまで加速できる「ルーディクラス・モード」を追加する人がいるのか。なぜ、家では30ドルの時計付ラジオしか聞かない人が、車には3000ドルのステレオをつけるのか。

さらに不思議なのは、車によって人気のある色がちがうことだ。

5万ドルの車を買うのに装備を重要視しないとすれば、1本の香水や1枚のガムならどうか。

マーケティングは、コストをかけずにたくさんの機能を追加する競争ではない。消費者のために変化を起こそうとする探究だ。そのためには、不可解な行動の理由を見つけなければならない。

人は役に立つものがほしいし、そこから得られる感情を望んでいる。だが、得られる感情の種類はそれほど多くない。

というのも、基本的にマーケターは似たような感情を与えているからだ。同じ感情を、さまざまなプロダクトやサービスを通して、ちがうストーリー、ちがう方法、ちがうとき、ちがう人たちに与えているだけなのだ。

誰かに仲間意識やつながり、心の平安、地位、いちばん望んでいた感情のどれかを与えれば、価値のある行いをしたことになる。売るモノは、そうした感情を得るためのたんなる手段でしかない。結果よりも戦術に重点を置くと、顧客をがっかりさせる。「誰のためか」「何のためか」という2つの問いは、つねに決定を下す際の指針だ。

「つながり」と「体験」がストーリーを生む

ありがたいことに、マーケティングは最新のデジタルメディアに頼る必要はない。もっと強力で、繊細で、あらゆる時代で使われてきた方法がある。

それは、ストーリーを語ることだ。

人に共感を与え、長年語り続けられるストーリー。そして、ウソのないストーリーを語ろう。すると、こちらの行動やプロダクト、サービスによって真実のストーリーができる。

たとえば、「つながりをつくる」という行為も、ストーリーの一部だ。人は孤独な生き物で、誰かに自分を見てほしい、知ってほしいと思っている。人は何かの一部になりたがる。そのほうがより安全で、もっと楽しいからだ。

そして、「体験をする」という行為も、ストーリーの一部になる。プロダクトを使い、サービスを施す。寄付をし、集会に参加し、カスタマーサービスに連絡をする。

それぞれの行為が少しずつつながりを築いていく。マーケターがこれをわざとやることで、意図的に同じ体験を提供できる。

組織はマーケターのためにあると同時に、マーケターとともにある。なぜなら、マーケティングがすべてだからだ。何を、どうやって、誰のためにつくるのか。望ましい効果と望ましくない効果、価格設定と利益など、マーケティングにはすべて含まれている。

時代は「売り込み主導」から「市場主導」へ

どんな組織やプロジェクトも、主導権を握るものに影響を受けている。

たとえば、シェフが主導権を握っているレストランがある。シリコンバレーでは技術が主導権を握っていることが多い。ニューヨークの投資会社は金銭が主導で、株価や最新の財テクに重きを置いている。

いずれにせよ、それはもっとも大きい声であり、声の持ち主はテーブルの上座に座る、いわゆる〝エライ人〟である。そして、組織はたいてい「売り込み主導」だ。完璧であること、市場への売り込みと見栄えを良くすることや1ドルを絞り取る手腕に重きを置いている。

そして、フェイスブックの最新の情報をつねにチェックし、新しいロゴを考え、海外向けの価格を考えることに力を入れる。

だが、売り込み主導になるのをすすめたいわけではない。成長する見込みがないからだ。逆に、これからは「市場主導」になることをおすすめする。市場に耳を傾け、声を聞く。より重要なのは、市場に影響を与えて市場の流れを変え、市場を成長させることだ。市場主導だと顧客やその友人たちの希望や夢について考え、彼らの不満に耳を傾け、改善できるものに投資する。つまり、市場主導であれば、ビジネスを継続できるのだ。

合理的な選択という神話

ミクロ経済学は、明らかに誤った主張にもとづいている。ウィキペディアには「合理的なエージェント（人）は、利用可能な情報、イベントが起こる確率、潜在的なコストと利益を考慮してベストな選択を判断し、つねに一貫した行動をとる」と書かれている。

もちろん、そんなことはない。

重要なのは、「人は疑いを持つと合理的でない衝動に突き動かされ、自分の信念に反する情報を無視し、長期的利益と短期的利益を取り違え、自分が認識している社会の影響を受ける可能性が高い」ということだ。

マーケティングにおいて、間違いを犯しやすい2つの考え方がある。

①消費者はたくさんの情報から、合理的で、長期的な視点でものごとを決めるにちがいない。
②世の中の人は自分と似ていて、自分が知っていることはほかの人も知っている、自分がほしいものはほかの人もほしがっているにちがいない。

当然、私は合理的ではない。おそらくあなたもだろう。

第　3　章

信じてくれる消費者は「成長しそうな最小の市場」にいる

マーケターがやりがちな2つの失敗

「あなたは何を変えようとしているのか？」

この問いはシンプルだが、重みがある。答えに自分の責任が表れるからだ。

あなたは目的を持ってマーケター役を演じる俳優であり、変化の仲介者であり、ほかの人を変えようと懸命に働く人間だ。

変化を起こすのは役割かもしれないし、情熱かもしれないし、幸いにもその両方かもしれない。変化は些細かもしれないし、意味深いかもしれない。

その変化は「投票を拒否する人に投票させる」ことかもしれないし、「支配したがる人を、どこかに属したがる人に変える」ことかもしれない。

だが、どんな変化であれ、マーケターであれば変化を起こすビジネスに携わっていることになる。ここで、変化を起こすときによくある失敗を紹介しよう。

失敗1 壮大でほぼ不可能な変化を選ぶ

たとえば、「音楽の教育方法を変え、それを全国の最優先事項にしたい」という考えは、たしかにすばらしい。しかしそれは、手腕のある人たちですら、手をつけなかったことだ。

逆転ホームランのような、形勢を逆転し、すべてを変えた人の感動的な話はたしかにおもしろい。だが、それは荷が重すぎるし、失敗して絶望したときの絶好の言い訳になる。不可能なことをしようとしているので、失敗するのも不思議ではない。

それよりも、まずは飛び越えられる高さのハードルから飛び始めよう。起こそうとしている変化と、その変化の起こし方を具体的に考えたほうがいいだろう。それが成功したら、さらに大きな目標に対して同じように行えばいいのだ。

失敗2　いま売っているものをそのまま売り続ける

いま売っているものを目立たせようとして、それらしい専門用語を大量に使いがちだ。たとえば、次のような文章がある。

「視聴者のアイデンティティをメタ・ステートメントするTNTの新しいスリラーへのアクティベーションとエンゲージメント」

これでは意味がわからないだろう。

私の妻が見つけたバイ・ザ・ウェイ・ベーカリー（世界最大のグルテンフリーのパン屋）は次のような表現を使っている。

「絶対に誰も〝のけ者〟にしないこと。おいしいのに、グルテンや乳製品を含まない、コーシャー（ユダヤ教の戒律・慣習に従った食品）のパンを提供し、コミュニティを特別な家族の集まりにします。作り手の負担を減らしていっしょに楽しめるようにし、ゲストを仲間として受け入れます」

とてもわかりやすいだろう。

消費者と何を約束するか？

マーケターがメディアでメッセージを発信するとき（どのメディアであっても）、つねに約束をともなう。「お客様がXをすれば、Yが手に入ります」といった約束が隠されていることが多い。カモフラージュされていることはあるが、成功するマーケティングには必ず約束がある。

ただし、約束と保証は同じではない。約束は「これが成功したら、きっとあなたはこうなるはずです」といった類いのものだ。

たとえば、誰かを自分たちのジャズクラブに招待して、音楽を聴けば魂の旅が始まるとか、この特製チーズを食べれば古いイタリアにいる気分になるなどだ。次の宣伝文句を見れば、約束とは何かがよりわかるはずだ。

「私がピアノの前に座ると、みんなは笑った。でも、ピアノを弾き始めると……（ジョン・ケープルズが書いた音楽学校の通信講座の広告コピー）」

この宣伝文句は、見た人のステータスへの憧れを刺激する約束だ。

「ロール・タイド！（アラバマ大学のチアリーダーが使うフレーズ。アラバマ大学の商標）」という宣伝文句は、見た人の優越感を刺激する約束だ。

「こだわるママはジフのピーナッツバターを選ぶ」というジフ社の宣伝文句は、見た人のステータスへの憧れと承認欲を刺激する約束だ。

「忠誠を誓います……」という宣伝文句は、見た人に対する従属を誓う約束だ。

「世の中にはすばらしい弁護士が必要です」という宣伝文句は、見た人に対して協力を求め、正義感を刺激する約束だ。

マーケティングの約束はつねにマーケターが望む変化につながっており、変えたい人々に向けたものになっている。

どんな変化を起こしたいのかを自問すればすぐ、すべての人を変えることはできないことがはっきりわかる。すべての人となると多すぎるのだ。1人ひとりがちがいすぎるし、途方もない人数だ。それに、すべての人はマーケターが何を変えようとしているかに興味がない。だから、特定の誰かを変える必要がある。特定のグループかもしれない。

では、どんなグループだろうか。

同じような格好をしているかどうかはさておき、人をグループ分けする何らかの方法があれば、非常に役立つだろう。同じ信念を持っているか。地理的な共通点はあるか？　年齢、職業といった人口統計学的な特徴はどうだろうか？　行動や価値観、興味といった心理学的な特徴だと、よりいいだろう。


本書では何度も「誰のため？」という大切な問いを繰り返す。この問いには、かすかな魔法の力がある。つくるプロダクト、語るストーリー、それを語る場所を変える力だ。「誰のため」なのかがはっきりすると、可能性が生まれるのだ。

たとえば、ダンキンドーナツもスターバックスも、コーヒーを売っている。だが、設立してから20年のあいだ、スターバックスはダンキンドーナツの客にコーヒーを売らなかったし、ダンキンドーナツもスターバックスの客にコーヒーを売らなかった。

2社は外から見てちがいはわかるが（ボストンでは、ダンキンドーナツのほうがタクシーの運転手や建設労働者の利用が多い）、本当のちがいは目に見えないところにある。

スターバックスがターゲットにしたのは、コーヒー、時間、お金、コミュニティ、チャンス、高級、これらにゆるぎない信念を持った人たちだ。その人たちに特化し、スターバックスは長年に渡ってブランドを築いてきた。

市場をとらえるための「特徴」と「世界観」

モノを市場で売るにあたり、1000人の真のファンをつくる必要があるとしたら、誰を選ぶだろうか？

このときはまずは見た目ではなく、夢や信念、望みを基準にしてみよう。言い換えれば、人口統計学的な特徴ではなく、行動や価値観といった心理学的な特徴から選ぶということだ。目の色や薬指の長さでグループ分けするように、それぞれが自分に語るストーリーをもとに、グループに分けることができる。認知言語学者のジョージ・レイコフは、こうした特徴を「世界観」と呼んでいる。

世界観とは人が世の中を見るときに使用しているレンズで、グループ分けする際の近道になる。世界観には自分の周りの世界に対する仮定や偏見、固定観念が表れるからだ。

個々の世界観を選んだ誰もが、1人の人間として尊重と尊敬を持って扱われるのに値する。だが、マーケターとしてはまず1つの世界観に集中し、その世界観に合う人たちを集めよう。「よろしければ、どうぞ」と言って売るのと、「あなたの望みはなんですか？」と言って売るのとでは、伝わるメッセージはまったく異なる。

相手がどんな世界観を持っているのかがわかれば、相手がニュースや芸術作品にどう反応し、対応するのか、正確に仮説を立てられる。

２０１１年、ロン・ジョンソンがアメリカの大手百貨店チェーン、Ｊ・Ｃ・ペニーのＣＥＯに就任してすぐに取りかかった仕事の１つは、店が顧客につねに宣伝し、しょっちゅう行っていた割引と緊急セールを終わらせることだった。彼は自分の世界観、買い物に対する自分の考えにもとづいて行動を起こした。自分が買い物をしたいと思う質の高い店は、絶えずクリアランスセールやクーポン、割引などで客寄せをしないだろうと考え、Ｊ・Ｃ・ペニーを自分好みの店に変えようとした。その結果、売上は50％以上急落した。

アップルのリテール部門責任者だったジョンソンは、優雅さと落ち着き、そして店と顧客の互いの尊重というレンズを通して小売店を見ていた。高級品の買い手であると同時に、高級品の売り手であるのも好きだった。

その世界観を重視した結果、Ｊ・Ｃ・ペニーの真のファンである、「バーゲン好きの顧客」を捨てた。顧客にとってバーゲンは、気晴らしだったかもしれないし、必要があったのかもしれない。ジョンソンとは世界観が異なったＪ・Ｃ・ペニーの顧客は、ジョンソンが店を去ったあとゲームで勝利した気分を味わっただろう。

私たちは人を型にはめて考えている。だから、消費者の期待に応えるためには、人の態度や信念を、わざと誇張してとらえたほうがいい。実体験はなくても、これから出会うかもしれない人物の特徴をつかむ練習をしよう。

どんな人も問題や願望やストーリーを持っている。

あなたが貢献したいのはどんな人だろうか。

ビジネスを成長させるターゲットの絞り方

一般大衆を追い続ければ、あなたはやがてつまらない人間になるだろう。一般大衆とは平均的な人のことで、曲線グラフでいえば、いちばん膨れ上がった部分に当たる。その人たちの気分を害さず、満足させなければならないとなると、必然的に妥協と一般化が求められる。

それよりもまずは、伸びそうないちばん小さい市場の開拓から始めよう。努力を価値のあるものにするには、最低何人に影響を与える必要があるかを考える。

変えられるのが30人しかいなくても、3000人であっても、どんな人たちにするかは決めたほうがいい。人数に制限があるのであれば、その市場をどんな人たちで構成するかに意識を向ける。

ユニオン・スクエア・カフェがニューヨークに初出店したとき、創始者のダニー・メイヤーは1日で600人しか対応できないとわかっていた。それが限界だったのだ。限られた600

人しか喜ばせられないのであれば、どんな600人にするのかをまず決めるのがいちばんいい方法だ。

こちらが提供するものを望んでいる人。こちらのメッセージをいちばん聞きたがっている人。プロダクトやサービスを好んでくれそうな知人に伝えてくれる人……。

ユニオン・スクエア・カフェの魔法は、場所でもなく（オープン当初は騒がしい場所にあった）、有名なシェフでもない（有名なシェフは1人もいない）。実は魔法は、慎重に客層を選んだことにある。

あなたが消費者を選び、あなたの未来を選ぼう。

伸びそうな最小の市場にターゲットを定めれば、ビジネスは成長する。

何かを具体化するには責任がともなう。

成功するのか、失敗するのか。マッチするのか、しないのか。広まるのか、広まらないのか。あなたは「すべての人」、あるいは「誰にでも」という言葉を盾に、具体化するのを避けていないだろうか。「すべての人」という言葉は慰めだ。なぜなら、そうできなかったときに落ち込まなくて済むからだ。

しかし、すでに述べた通り、残念ながらすべての人の期待に応えることは絶対にできない。だから、プロジェクトや人生、組織を最小限に凝縮し、体系化してみよう。自社のビジネスが生き残れそうな最小の市場はなんだろうか。

市場の規模が特定できたら、その市場のなかで注目してくれるのを待っている〝端っこ（エクストリーム）にいる人たち〟を見つけよう。エクストリームが見つかったら、そこであなた自身が彼らの求める完璧な答えになれるポジションを探す。そして、そのグループの欲求や夢や望みを、思いやりと関心、集中力でもって叶えてあげよう。変化を起こすのだ。行う意味があり、人に語らざるを得ないような変化を。

ムダのない起業（リーン・スタートアップ）とは、成長可能な最低限の機能を持った商品という考えがもとになっている。プロダクトをいちばんシンプルで便利なものにしてから市場に出し、改良してまた市場に出す。これを繰り返すものだ。

だが、ここで見落とされがちなのが、「成長可能な」という言葉だ。成長の可能性がない最低限の機能しかないガラクタを見本市でリリースしても、当然役に立たない。

これまでに説明したアイデアの組み合わせで、ムダなく、すばやく考えることができるだろう。市場に対していち早くアプローチしつつ消費者に意識を向け続けることで、消費者の役に立てる可能性がより高くなる。

起業家であり、シリコンバレーの先駆者であるスティーブン・ブランクが、スタートアップ企業の唯一のプロジェクトとして挙げているのが、「顧客に集中すること」だ。

顧客に集中するとは、顧客を惹きつけ、あなたがつくるものと顧客が望むものとがピッタリ合うようにする行為である。顧客を惹きつける牽引力は、派手な技術やコストのかかるマーケティングよりはるかに価値がある。それこそが、成功したプロジェクトと失敗したプロジェクトを隔てているものだ。

では、あなたの成功を心から願い、生み出す変化に喜んでお金を払う人が、この世の中にいるだろうか？

すべての人の期待に応えるのをやめると、あらゆることがラクになる。あなたがやる仕事はすべての人のためではない。こちらが思い描く旅に参加すると決めた人たちだけのものなのだ。

信じてくれる人とだけ関わるべき理由

インターネットにはフィルターバブルという機能があり、検索サイトがユーザーの個人情報を把握して、ユーザーが見たくない情報を遮断している。見たい情報にだけ囲まれて暮らすのは簡単だ。みんなが自分の世界観を共有しているとか、自分が信じているものをみんなが信じ、自分が望むものをみんなも望んでいると信じて、毎日を過ごすことができる。

だがそれは、大衆相手にマーケティングを始めるまでだ。

たくさんの人の期待に添うようにしても、相手がそれを拒否する。「ノー」のコーラスで耳が聞こえなくなる。消費者のフィードバックは辛辣《しんらつ》で、パーソナルで、具体的なものになるかもしれない。

消費者から断られすぎると、私たちは大衆に合わない部分を削り、何から何まで大衆に合わせようとしてしまう。誰よりもピッタリとフィットするまで。

だが、そうなることに抵抗しよう。

それは、大衆のためではなく、成長可能な最小の市場のため、つまり、はじめにあなたが貢献しようと決めた人たちのために。

先端技術ジャーナリストのクレイ・シャーキーは、コミュニティ主導のソフトウェアがすべてを変えることを悟ったという。

「私たちが住むこの世の中では、愛のために小さなことが、お金のために大きなことが行われている。でもいまはウィキペディアがある。突然、愛のために大きなことが行われたのだ」

だがそれは、ソフトウェアに限った話ではない。


伸びるいちばん小さな市場での目的は、自分を理解してくれる人、自分が連れて行きたいと思う場所に惚れ込んでくれる人たちを探すことだ。

顧客があなたを愛することとは、彼らの表現方法の1つになる。こちらの活動の一部をになうことで、顧客にとっては自分が何者であるかを表現することになる。

その愛は顧客を惹きつける力や、忠誠心、さらにはプロダクトやサービスを広げようとする熱心な活動につながる。そして、顧客のアイデンティティの一部となり、正しいと感じることをするチャンスになる。顧客はその貢献や行動、身につけるバッジを通して、自分を表現するのだ。

もちろん、すべての人に同じ感覚を味わってもらえるわけではない。だが、そう感じてくれる人のために仕事はできる。

民主主義でも2番目が報われることはなく、「すべての人」という考え方は誤っている。ある日、議会のキャンペーン主催者2人と話をした。彼らがずっと話し続けていたのは、すべての人にメッセージを伝え、すべての人とつながり、すべての人に投票してもらうことだった。調査したところ、その地区の最後の予備選挙は、たった2万人しか投票していなかった。激戦区では、5000人の投票が勝敗を分ける。この地区の住民数は72万4000人なので、5000人は1%にも満たない。5000人と「すべての人」には非常に大きな差がある。だが、仕事の場合、5000人の真の顧客がいれば十分だろう。

信じてくれる人に「変化」を与える

ここまでくると、やるべきことは変化を起こすことだとわかるだろう。そのためには、変えるべき人を特定し、熱狂を起こし、そのプロセスで顧客に変化を起こすための教育を行うべきだということも。

ここで、あなたが変えたい人たちの呼び方を変えてみよう。見込み客や顧客ではなく、「生徒」と呼んでもいいかもしれない。

あなたの生徒はどこにいるだろうか。生徒は何を学びとるだろうか。生徒は教えてもらうことに心を開いているだろうか。ほかの人に何かを伝えてくれるだろうか。

テストや規則があるような教師と生徒の関係ではない。熱狂を起こし、選択とケアについてアドバイスする助言者（メンター）と生徒の関係だ。

誰かに教える機会があるとすれば、何を教えることができるか。

学ぶ機会があるとしたら、あなたは何を教わりたいだろうか。

自分の最高の仕事（最高のストーリー、変化を起こすチャンス）を共有しようとしたとき、広がりそうなものや長持ちするものであれば役に立つ。しかし、たとえすばらしいものであっても、広大な海に投げ入れれば、ほかとのちがいを生むのはむずかしい。

あきらめろという意味ではない。

海から離れて、大きなプールを見つけようということだ。

ちがいを生むには大きなプールで十分だ。まずはそこから始めて、取りつかれたように集中しよう。うまくいき始めたら、別のプールを探すといい。さらにいいのは、最高の顧客にアイデアを広めてもらうことだ。

マーケターは、顧客に向かって「このプロダクトやサービスは、あなたのためのものではありません」などと言ってはいけないことになっている。

だが、むしろ伝えるべきだ。

ターゲットではない消費者に対して「あなたのためのものではありません」と言うのは、消費者に対して十分敬意を持っている表れだ。消費者の時間をムダにしたり、関心につけこんだり、信念を変えさせたりするつもりがないことを知らせているからだ。

また、「これはあなたのためにつくりました。ほかの人ではなく、あなただけのためにです」と言うのも、消費者に敬意を示している。

コインにオモテとウラの2つの面があるように、どんなプロダクトやサービスにもぴったり当てはまる人がいれば、まったく当てはまらない人がいるのだ。

冗談が通じない批評家を無視したって構わない。自分のストーリーをもっとも必要としている人に向けてブラッシュアップするのは、ほかの人にはできない特別なことだ。そこから、自分が誇りに思える仕事が見つかる。

他人がどう思おうが関係ない。大切なのは、自分を信じてくれる人や自分とつながっている人、つまり消費者を変えたかどうかだ。

どんなベストセラーでも、アマゾンのレビューで星1つの本が必ずいくつかある。すべての人にとって重要で、すべての人を喜ばせられるような仕事はないのだ。

マーケティングで大切な3つの約束

あるコメディアンは、ニューヨークでライブショーを行う予定だった。彼のエージェントはあまり興味がなかったが、会場に現れたコメディアンはとても調子がよく、最高のネタを準備していた。

ところが、ネタを披露しても笑いがとれなかった。誰もクスリとも笑わない。大失敗だ。ショーを終えた彼は自分を責め、もうコメディアンをやめようとすら思った。

そのとき、実は観客はイタリア人のツアー客で、誰も英語がわからなかったことが判明する。ショーが観客のためのものになっていなかったのだ。

自分の仕事が、本来のニーズを満たしていない可能性は大いにある。だが、そもそも、誰のためのものなのかを明確にしきれていなかったからかもしれない。

ここで、すぐ使えるマーケティングの3つの約束のテンプレートを紹介しよう。

私のプロダクトを使う人は［　　　　　　　］を信じている。

私の顧客は［　　　　　　　］を望んでいる。

私のプロダクトによって、顧客は［　　　　　　　］できるようになる。

あなたはいままで、自分の仕事はモノを売ることだと思っていたかもしれない。でも、実はモノではないのだ。

ケーススタディ

顧客への共感から広まったオープン・ハート・プロジェクト

スーザン・パイヴァーは人気の瞑想の講師だった。『ニューヨーク・タイムズ』紙でベストセラーと紹介された本の著者で、彼女の瞑想のクラスにはたくさんの参加者がいた。大勢の先駆者のように彼女も独立しており、少数だが支持者もいた。

あるとき、レッスンを終えたあと、遠方から来ていた生徒たちがこうたずねた。

「練習を続けたいのですが、どうやって地元で先生を探したらいいですか？」

2万人のコミュニティをつくった8つのポイント

❶「何が問題なのか」という、顧客の率直な要望に共感するところから始めた。何かを開発したのでもなく、「どうやってビジネスを始めよう」と考えたのでもない。

❷「少人数でもこれを不可欠だと思い、価値があると思ってくれる人はいるか」と考え、成長可能な最小の市場に目を向けた。

❸サービスを受ける人の世界観に寄り添った。サンガを世界中に発信したとき、顧客が聞きたいストーリーを、顧客が理解できる言葉で伝えた。

❹コミュニティが広がりやすいようにした。顧客それぞれが１人を紹介しただけで、数年後には数え切れないほどのメンバー数になる。

❺消費者の関心と信用を獲得し、それを維持した。

❻さらに深くメンバーと関われる方法を用意した。仕事のメンバーを見つけるのではなく、メンバーになった人が仕事をできる方法を見つけた。

❼メンバーがゴールに向かう過程で、緊張をつくってゆるめた。

❽メンバーにたくさん会い、成功していることに目を向けて謙虚な姿勢で指導した。

瞑想の指導者が生徒の近くにいないと言うのだ。

この要求に応えるべく、スーザンはオンラインの瞑想センター、サンガをつくった。それから数年が経ち、サンガには2万人以上のメンバーが集まっている。ほとんどの人は定期的に更新されるサイトでビデオレッスンを受けているが、コストはかからない。だが、一部の人はさらに深く関わっている。サブスクリプション（継続課金）料を払い、自分の講師・仲間とほぼ毎日のように交流しているのだ。


スーザンはどうやって2万人のメンバーを集められたのか。もちろん、一気にできたわけではなく、何千もの小さなステップを積み重ねた。

そして、わずか数年で、この小さなプロジェクトは世界最大規模の瞑想コミュニティになった。専任スタッフは1人だけだが、何千人もの人とつながり、刺激を与えている。

瞑想の指導者はアメリカに数え切れないほどいる。彼らもスーザンと同じように、世界につながるパソコンを利用できるのだから、同じようなことができるはずだ。また、アメリカに限った話でもない。

信じてくれる人、求めてくれる人の望みをかなえることで、市場を成長させることができるのだ。

第 4 章

より良いものを生み出すための「共感」の技術

「共感」はマーケティングの肝

Beeradvocateというビール情報を集めた大人気サイトには、3400件以上の評価を得たビールが、250種類掲載されている。どのビールも誰かのお気に入りだ。おそらくアメリカには、そんなビールが何千とあるだろう。なぜなら、味覚は人それぞれで、人の数だけ好みがあるからだ。

「こっちのほうがおいしい」と言ってしまうマーケターは間違っている。実際には、「これは誰かにとっておいしいビールであり、あなたにもおいしく感じるビールである」という事実があるだけだ。

消費者はあなたが信じていることを信じていない。あなたが知っていることを知らないし、あなたが望むものをほしがっていない。だが、これはまぎれもない事実なのに、受け入れられない。

「ソンダー（sonder）」という造語がある。これは「周りの人が自分と同じくらい豊かで、かつ、葛藤した内面を持っていると気づいた瞬間」と定義されている。誰もが頭のなかに「ノイズ」を持っているのだ。

自分は正しいと思い、他人からの攻撃と無礼な言動に苦しめられていると思い、恐れを抱きつつも、自分は幸せであることにも気づいている。

そして誰もが、ものごとを改善し、人とつながり、貢献したいという強い欲求を持っている。誰もが手に入れられないものを望んでいるのだ。それなのに、手に入ったら実はそれほどほしくなかったと気づく。

みな孤独で、不安で、少しウソつきだ。そして、誰もが何かを気にしている。

私たちは個人を相手に滅多にマーケティングをしない。だから勝手に、自分たちのつくったプログラムを他人は使ってくれている、自分たちが一生懸命に働いていることも、どれだけ頭の中で情報があふれかえっているかも、目的がどれだけ大事かもまわりはわかってくれている、と思い込んでいる……。しかし、そんなことはない。

非営利の組織で資金調達をする人の苦境を見てみよう。

彼女はキャンパス内に新しい建物を建てるため、100万ドルを集めようとしている。ところが、財団や慈善家と会うたびに異議が持ち上がり、彼女は心の中でこう思う。「おっしゃる通り、とんでもない大金よ。100万ドル寄付するなんて、私なら絶対無理。家賃を払うのも苦労しているんだから」

その結果、当然寄付は集まらない。

ところが、寄付する側の人のストーリーに共感すると、状況は劇的に変わる。その寄付は彼女のためではなく、寄付する側の人のためにあるからだ。

それも、こんなふうに思う人のためだ。

「この100万ドルの寄付は値打ちがある。少なくとも200万ドルくらいの喜びと地位と満足感が得られるぞ」

この気持ちに共感することができれば、寄付を集められるだろう。


私たちがお金を払うものは、投資であれ、些細なものであれ、何らかの経験であれ、すべて値打ちがある。だからこそ、それを買ったのだ。お金を払った以上の価値がある。そうでなければ、買わないはずだ。

さきほどの資金調達者の女性に話を戻すが、あなたが寄付を募る側の場合、消費者のストーリーに共感できないなら、消費者からお金を盗んでいることになる。

なぜなら、相手にとってお金以上に価値のある選択肢を示せないからだ。こちらがつくったものでどれだけの恩恵が受けられるのかを、相手に理解させることができない。値打ちのある巨額な利益を……。

値打ちを理解したうえで相手が買わないと決めたのなら、それでかまわない。その人のためのものではなかったということだ。あるいは、今日ではなかったのかもしれないし、この価格ではなかったのかもしれないし、この仕組みではなかったのかもしれない。

「より良い」ものを決める消費者の基準

「より良いもの」を考えたとき、A＞B＞Cといった推移関係があると決めつけたくなる。しかし、ストーリーや機会をつくるときに、直線的な比較は役に立たない。

エルメスのバッグはルイ・ヴィトンのバッグより高く、ルイ・ヴィトンのバッグはコーチのバッグより高い。だからといって、エルメスのバッグが「より良い」とは限らない。「価格がいちばん高いものが優れている」というのは、誰かのこだわりの1つに過ぎない。

コストは簡単に計算できるが、コストがかかるものがすべて良いかどうかは、まったくわからない。

主観的な分類、たとえば、「スタイリッシュ」や「ファッショナブル」「ステータス」などはどうだろうか。一気にややこしくなり、判断するのがむずかしくなる。何が「より良い」のか、明確な基準がない。

人の記憶に残りやすいのは、いちばん良かった思い出だ。

何にとって良かったのか。それは〝自分にとって〟いちばん良かったということだ。

耐久性や価格を気にするのであれば、耐久性や価格面でその人にとっていちばんいいブランドが、脳にインプットされている。グループ内での地位とぜいたくさを重視する隣人の脳には、まったく別のブランドがある。私たちは機械ではなく人間だからだ。

マーケターとしてのあなたの仕事は、一部の人が見つけたがっている先端《エッジ》を探すことだ。だから、強引な独自の販売計画で市場のシェアを最大限にするようなやり方はせず、探している人が簡単に見つけられるよう、私たちは光を発する灯台になろう。

たとえば、次のような方法だ。


アメリカ人は2017年1年間で、ドッグフードに240億ドル以上も費やしている。ドッグフードの平均価格は急騰し、サツマイモ、ヘラジカ、野生のバイソンが入るなど、食材のグルメ性も上がった。

ドッグフードは価格上昇とともに、どんどんおいしくなっているかもしれないが、実際のところはわからない。そもそも、おいしくなれば犬がもっと喜ぶのかも、まったくわからない。私たちは犬ではないからだ。

だが、飼い主は改良されればもっと気に入るにちがいない。

ドッグフードは、飼い主のためのものだからだ。忠誠心と愛情を示してくれる動物を世話する満足感を得るため、そして、高級なドッグフードを買えるステータスと、それを与える懐の深さを味わうためである。

飼い主のなかには、高いドッグフードを買いたい人がいる。効果は疑わしいが高価値のグルテンフリーのドッグフードを買いたい人もいる。

こうした新しいドッグフードが誰のために開発されたか、取りちがえないようにしよう。犬のためではなく、人間のためなのだ。

この例えの目的は、ドッグフード市場の改善ではない。実際の商品と売れる商品の魅力には、必ず食いちがいがあるのを理解することだ。

ドッグフード会社のマーケティング担当者は、収益を上げるにはもっとおいしくすればいいと思うかもしれない。だがそのためには、犬の味覚を理解しなければならず、とてもむずかしい。

つまるところ、飼い主がほしがるドッグフードをつくるべきなのだ。

たとえば、エンジニアが決めた適正価格と性能の組み合わせは、滅多に市場に受け入れられない。飼い主の頭のなかには2つの声がある。1つは犬の声で、言葉は少ないが、何がほしいかをわかっている。もう1つは飼い主自身の声だが、あいまいで、矛盾していて、複雑だ。さらにさまざまな情報が混ざり、飼い主はすぐに気がそれる。

100の要素（味以外の）をもとにドッグフードを選ぶ飼い主のように、消費者もさまざまな情報や感情を大切にしている。ただの安いもの勝ちのコンテストではない。

だから、エクストリームを選び、こちらが市場を選ぼう。すると、市場もあなたを選んでくれる。

アーリーアダプターはとにかく新しいものをほしがる人たちで、マーケターの旅の始まりに欠かせない。だが、そのときに、その人たちを順応者《アダプター》とみなさないのが大切だ。順応者は世の中が変わるとそれに合わせようとするし、幸せではなくてもそういうものだと思っている人たちだ。

アーリーアダプターはちがう。新しもの好き（ネオフィリア）で、目新しいものが大好きなだけだ。新しいものを見つけるとスリルを感じ、「これはうまくいかないかもしれない」という緊張感を楽しみ、自分が見つけたと自慢したがっている。いっしょに革新を行う製品開発者の失敗に対しては寛容だが、最初のスリルがなくなると、驚くほど厳しくなる。

より良いものへの絶え間ない欲求こそ、彼らがつねに新しいものを探している理由だ。お眼鏡にかなうのはむずかしいが、興味を抱かせることはできる。

マーケターとして仕事をしていると、板挟みになることがある。飽きやすい人たちのためにつねに興味深く新しいものをつくるのに忙しい一方で、その先にある市場の残りの人たちを喜ばせるための、ロングセラー製品やサービスをつくろうとすることもある。

マーケターが事前にその状況を切りぬけられることはほとんどない。ここでも魔法の問いが役に立つ。「これは誰のためか？」

消費者は何を信じ、何を望んでいるだろうか。

マーケターは他人に興味がある。ほかの人が何に苦労していて、何に興味があるのかに関心をもち、他人の夢や信念に魅了される。

そして、その他人は多忙な日々を送り、他人が自分に関心をもたないことを謙虚に受け入れている。他人はこちらに関心を向けない。広告費にお金をかけたからといって、こちらに貴重なものがもたらされるわけではない。

ただ、広告と引き換えに誰かがこちらに興味をもってくれるかもしれない。必要なものや望むものと引き換えに、プロダクトやサービスに本当に興味がある、もしくは約束を守ってくれると信じて、興味をもってくれるかもしれない。

当然、すべての人が興味を持ってくれるわけではない。だが、しっかりと仕事をこなしていれば、十分な数の人が興味を持ってくれる。

これがカギ穴とカギだ。カギに合うカギ穴を探しに奔走しなくていい。探しているのは人(カギ穴)だ。人々の夢や望みに興味があり、そのためだけにカギをつくる。そのカギと引き換えに、こちらに関心を向けてくれる。

水難救助員が溺れている人を助けるのに時間はかからない。救命用具を持って現れれば、溺れている人は投げられた救命用具に飛びつくだろう。救命用具に捕まってもらうために広告を流す必要はない。

選択肢の多さは消費者を遠ざける

伝統的な産業マーケティングは、広告にお金を払った広告主のためのものだった。広告は消費者に向けてつくっていたが、消費者のためのものではなかった。従来のマーケティングでは、プレッシャーを与える、エサで釣る、交換条件を与える、といった方法以外にもあらゆる強引な手段が使われていた。売上を伸ばすため、つまり、顧客とお金を獲得し、契約書にサインをさせるためにつくられたものだったのだ。

こちらの話に耳を傾け、関わる以外に選択肢がない。テレビのチャンネルが3つしかない。町に1つしか店がない。そんなふうに顧客の選択肢がほとんどなければ、顧客を獲得さえできれば、価格を下げてでも競争に勝つ価値はあった。

しかし、社会的な力を得た現代の顧客は、マーケターにとってのガラクタが、選択肢のように感じだした。選択肢は無限にあり、代わりになるものはつねに現れ続けていると気づいたのだ。マーケターにとっては、砂漠で砂を売るようなものだ。

毎年100万冊の本が出版されているし、アマゾンには500種類以上の充電器が並んでいる。

以前ならこれほど多種多様なコーチや講座やクラブはなかったので、彼らを雇うか、講座やクラブに参加するかを考えることはなかった。

しかし、こうした選択の波に飲まれる消費者は、強引な売り手に対してはっきりと意思表示する。その場から立ち去るのだ。

サービスとしてのポジショニング

いまの世の中は、時間もゆとりもなさすぎるうえに、選択肢が多すぎる。人はどうやって選ぶのだろうか。

消費者にとっては、あきらめて問題を解決しないことが、いちばん手っ取り早い。どれもちがうと感じるなら、何もしないほうがマシだろう。世の中が主張と誇大広告だらけなら、人は何も信じなくなる。

マーケターは自社のプロダクトやサービスを、何に特化させるのか選べる。「あなたにはたくさんの選択肢があります。弊社もその選択肢の1つです」と伝えるのではなく、サービスを提供する価値のある顧客が必要とするものや要求、夢から取り組み、彼らのために何かを築くことができる。

そのためには、エクストリームに行き、エッジを見つけ、何かに特化しよう。

そのときは次のページにあるXY軸を描くポジショニングマップを使うといい。

これを使えば、顧客が利用できるすべての選択肢をチャートで表すことができる（私はまだその選択肢をライバルとは呼ばない。理由はあとでわかる）。

たとえば、あるスーパーマーケットに並んでいる全種類のポテトチップス。腰痛をもつ人向けのあらゆるケアサービスや商品。小さな町にあるすべてのスピリチュアルな団体などだ。

まず2つの線を描こう。1つは横（X）軸、もう1つは縦（Y）軸だ。

そして、それぞれの軸に人が重視する属性を割り当てる。利便性、価格、ヘルシーさ、性能、人気、スキルのレベル、効果、などがあるだろう。

たとえば、街中でダイヤモンドを運ぶ手段が6つあるとしよう（83ページ参照）。マップの1つの軸にはスピードを、もう1つの軸には安全性を割り当てる。調べると、装甲輸送車と郵便局の両方が、ダイヤモンドが入っている小さな封筒でも保証してくれることがわかった。だが、1つはかなり時間がかかり、1つは午後には到着する。

安全性を重視しないのなら、バイク便がいちばん速い。スピードも安全性も重視しないのなら、普通郵便で十分だろう。

XY軸を使ったエクストリームのポジショニングを使えば、何を重視するかによって、どの選択肢が最良なのかが明確にわかる。この属性が利便性、コスト、環境への影響、拡張性、といったものになれば、まったくちがうチャートになることがわかるだろうか。

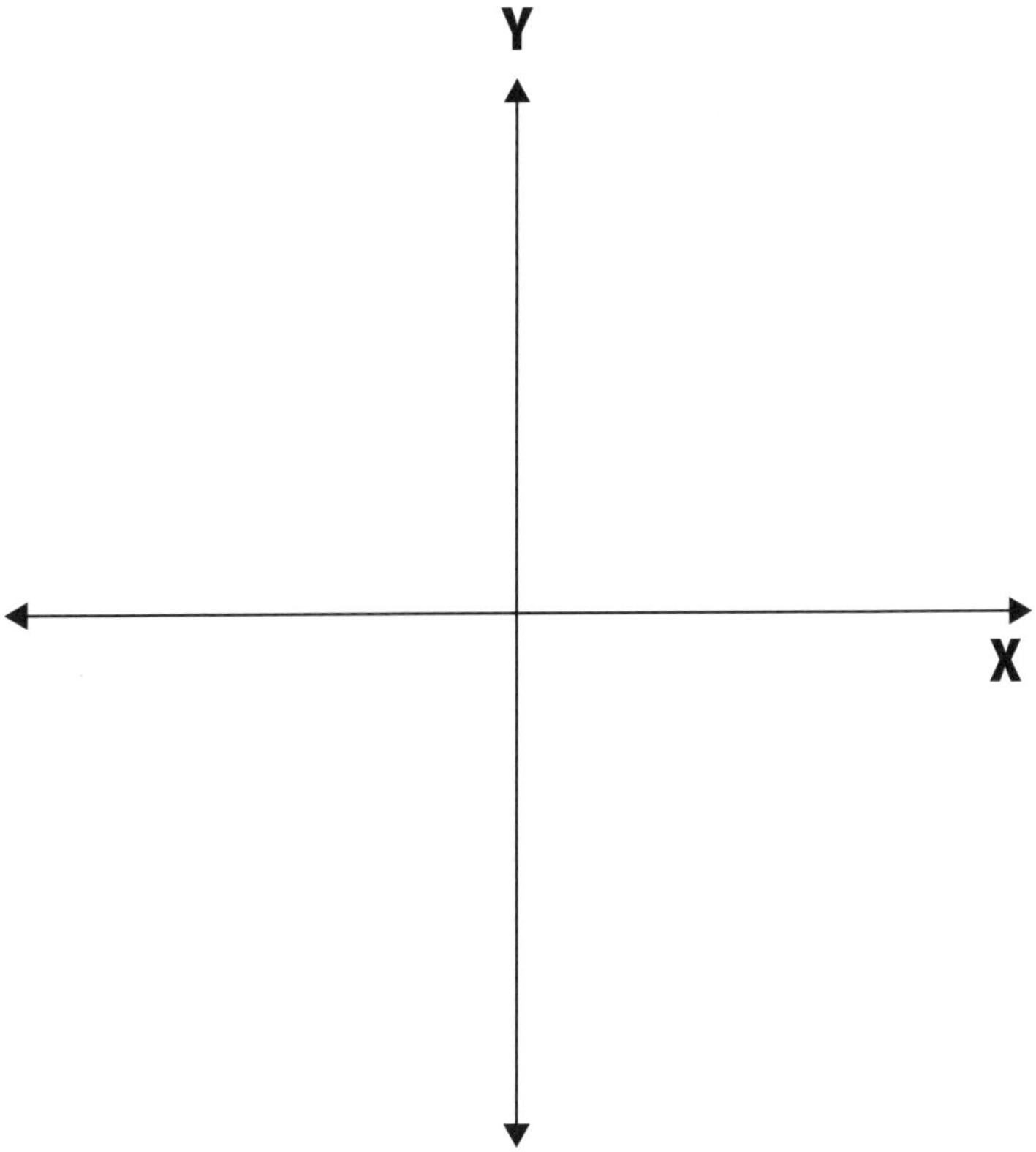
Y
X

同じ方法でポテトチップス（価格、地域性、ノンフライ、味、分厚さ、安さなど）、あるいは、ウォルマートとゼイルズ（アメリカの宝石ショップ）とティファニー（価格、利便性、ステータス、希少性など）や、クルーズ船とプライベート・ジェット、フォードとテスラとマクラーレンなども比べられる。だが、顧客の関心は属性そのものより、属性により引き起こされる感情のほうだ。

ここで、マーケティングで役立ちそうな属性をいくつか紹介しよう（85ページ参照）。自分が携わる分野については、もっと思いつくだろう。

2つの属性を選んだら、X軸とY軸にそれぞれを割り当てる。そして、顧客が持っている選択肢をこのマップに書き込もう。

これで、利用可能な選択肢が整理された地図が手に入る。忙しい人が問題解決策を見つけるのに役立つ地図だ。

デイヴィッド・オグルヴィとローサー・リーヴズ（テレビ広告の先駆者）が1950年代に広告をつくったとき、市場の穴を見つけ、その穴を埋めるための宣伝文句と特性を発明した。

ある石けんは純度を求める人向けと宣伝され、ある石けんは乾燥肌を気にする人向けと宣伝されていた。それらが同じ石けんだったとしても問題はない。それがポジショニングだ。

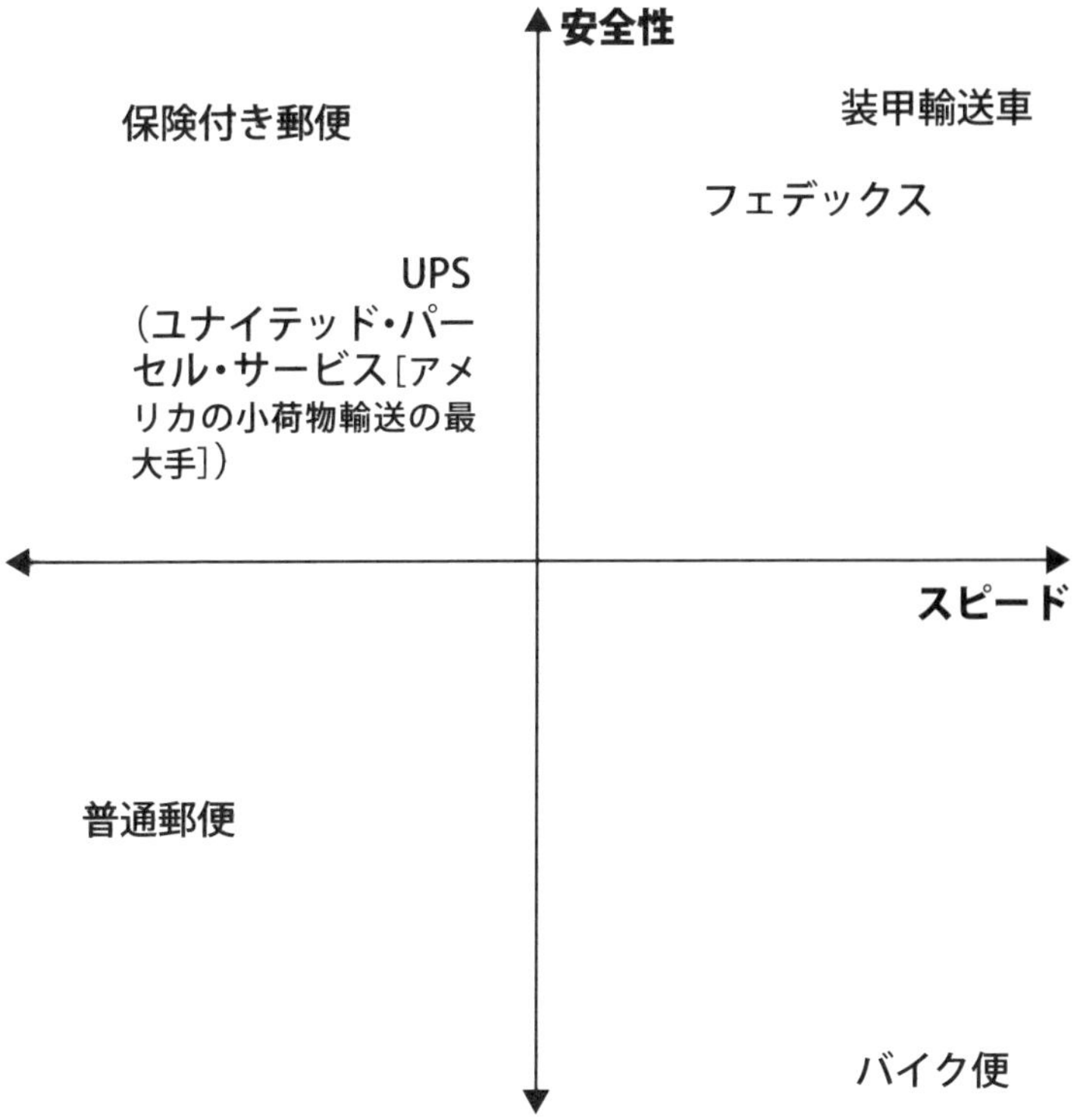
安全性
保険付き郵便
装甲輸送車
フェデックス
UPS
（ユナイテッド・パーセル・サービス[アメリカの小荷物輸送の最大手]）
スピード
普通郵便
バイク便

マーケティングの先駆者である、ジャック・トラウトとアル・ライズがポジショニング戦略を推し進め、差別化によって、マーケターが戦わずとも自分の居場所をキープできるようにした。

そのやり方自体は問題ないが、競争の激しい時代では長続きしない。それよりも、自分の居場所、つまりエッジを探す道のりをこう考えてはどうだろうか。

- 真実でありながらも、自分の行動をすべて継続的に強化できる道のり。
- 顧客へのサービスを行う道のり。

ある地方の音楽教師の例を見てみよう。

音楽教師を始めるときに「このあたりで教えている音楽教師です」と紹介して仕事を始めるのはよくない。近くにはたくさんの音楽教師がいるからだ。「教えるのが得意です」とか「生徒を怒りません」というのも、生徒の親や生徒に伝える価値がない情報だ。

逆に「私は真面目で、私の教え子もみんな真面目です。だから、授業は厳しいです」というのは、1つの軸になる。「教え子はコンテストで優勝します」が、もう1つの軸になる。するると突然、任せる価値と追加料金を払う価値のある教師になる。音楽教室を人格形成の場

スピード
緊急性
価格
認知度
性能
トレンド性
材料
プライバシー
純度
専門性
持続可能性
難易度

明白性
エリート性
維持費
危険性
安全性
実験性
鋭敏性
限定性
分布
不完全性
ネットワーク効果

ととらえている親や、音楽は競争だとみなしている生徒にとっては、望み通りの先生だ。

その教師はまさにその生徒に合わせた教え方をする。実際、どの教師よりも厳しく専門的なことが要求されるだろう。そしてむずかしい選択を迫られる。真面目でない生徒を辞めさせるかどうかだ。コンテストで生徒たちを勝たせるためには、信念を貫き通す必要がある。

数ブロック離れたところでは、ちがう教師がまったくちがうポジションをとる。その教師は生徒を選ばず、譜面よりも経験に焦点を合わせて教えるかもしれない。コンテストへの参加を目的にするのではなく、つながりや寛容さをベースにしたレッスンを行うかもしれない。

この2人の教師はまったくちがう生徒を相手に、まったくちがうレッスンを行っている。だから、ライバルにならないというわけだ。ただ同じ板の上に乗っているだけである。

軸を見つけて未来を選びとる

先ほど挙げた属性を見ていると、たくさんの人が重視しそうなものを選びたくなる。結局のところ、エッジを選ぶのはむずかしいからだ。それに、ほとんどの人が気にとめないものを選ぶのは愚かなように思え、人気があるもののほうが良いと考えてしまう。

だが、そうなると、チャートの4分の1の割合を占める競争の激しいエリアを選ぶことにな

安全
力強い
美しい
価値がある
責任感
つながり
賢い
かっこいい

り、広告の魔法がなければ成長するのはむずかしくなる。顧客は何を選んだらいいのかわからず、結局何も選ばないだろう。

それよりも、エクストリームにある自分のエリアを構築することだ。これまで見落とされてきた2つの軸を見つけよう。そして、顧客との約束が守られ、顧客にとってこちらが明確な選択肢となるポジションを築けるストーリーをつくろう。

一般的な選択肢や人気のある選択肢を軸に選んだ一般的なブランドは、努力してもひとまとめにされる。

ところが、リスクを冒して一歩抜け出し、自分の居場所を見つけると、そこには十分なサービスを受けておらず、あなたとつながり、情報を広めたくて仕方のない人がいるかもしれない。

消費者はまだあなたを知らないだけだ。

消費者はこちらが陣取るエッジを待っている。想像はできても、存在するとは思っていなかったエリアだ。そして、消費者はマーケターが提供するものとつながりたがっている。つながることで消費者はマーケターを理解する、あるいはマーケターに理解してもらえる。

さらに、消費者はより良いことにつながる可能性のある緊張を待っている。

ソフトウェア、香水、保険、政治家、作家、デバイス、コーチ、慈善団体、小売店など、見わたす限りいろんなブランドがある。87ページに挙げた言葉に当てはまるブランドを1つ選ぶとしたら、どのブランドを選ぶだろうか。

各ブランドのマーケターがいい仕事をしていれば、簡単に思いつくはずだ。あなたにはストーリーを変える自由があり、いままでとはちがうストーリーに沿って生きることができる。そのストーリーは、あなたが貢献したい人のために新たにつくったものだ。そして、1日の過ごし方を変える自由もある。人に作業を任せて、感情労働（感情を抑圧、調整して報酬を得る労働、主にサービス業）に取り組む心の準備ができるし、リスクを冒してほかの人がやらないことをしてもいい。

私が知っているなかでもっとも残念なマーケターは、自分がいる業界はどうすることもできないと思い込んでいる人だ。

選択肢がないと思うから、不動産仲介業者は物件のリストアップに精を出し、ほかの仲介業者とまったく同じことをする。医薬品のマーケターは、ジェネリックの広告を控え、できるだけ医師に影響を与えまいとする。だが、実際のところ、医師がどれほど薬の選択肢を持っているのかは理解しようとしない。

選択肢がないと思っているから、インパクトを与えて信用を獲得する方法はほかにいくらでもあるのに、フェイスブックというメリーゴーランドに乗り、どんどん投稿を宣伝して、フォロワー数を数え、気づいてもらうためにさらに投稿を増やす。

いまマーケティングツールとして当たり前のものは、ほんの数世代前まで〝リスクのある真新しいもの〟だととらえられていた。

だから、過去の遺物は手放して、もっと充実したツールに置き換えるほうが価値はある。

市場は「より良いもの」を望む

冷蔵庫が普及したあと、氷を配達する人を雇う理由がなくなり、スーパーが一般的になったあとは、牛乳配達の仕事を正当化するのもむずかしくなった。もうお金を払う価値がなくなったからだ。

いま、時代が大きく変わろうとしている。その変化によって「より良いもの」とは何かを再定義できるのだ。

なぜなら、「より良いもの」は市場が待ち望んでいるものだからだ。

不動産屋で考えてみよう。かつて不動産屋は不動産に関するデータを自分たちでため込んでいた。だから、不動産屋に頼まない限り、探している物件の情報が得られなかった。だがいまは、ズィロウ（オンライン不動産データーベース）のサイトには1億1千万件の住宅が掲載されている。家を買うつもりの人は、少なくとも不動産屋と同じくらいの情報にアクセスしているだろう。

目標が現状を守り、市場の激戦区で戦うことなら、ヘトヘトになる。かつてないほど速い技術の進歩と情報の流れを先取りしなければならないからだ。

だが、目標が顧客にとっての「より良いもの」をつくることだとどうなるだろうか。

こうした変化は多くの人にも起こっている。いまでは、たいていの仕事はネットワーク化や自動化が行われ、信頼性もある。1994年だったら、100万人に電子メールを送信するには8人のエンジニアと数百万ドルの予算が必要だった。それがいまや、フィードビッツ（Eメールマーケティングサイト）を使えば、月に9ドルで誰でもできる。

10年前なら、本を全国的に売るためには、出版社や印刷会社、営業の専任チームが必要だった。それがいまでは、デジタルデータとパソコンに慣れた人が1人いるだけでキンドルで出版できる。

マーケターは「やること」を簡単にしてきた。だからこそ、作業の一部を外部に依頼し、変化を起こす仕事にすべてのエネルギーを注ぐ必要がある。

消費者は自分の視点や夢、恐れをでっちあげているのではない。

マーケターは勝手にこんな仮定をしている。

「数学ができないと本気で思い込んでいる人なんているはずがない」「あんなくだらないポリシーを支持する人なんて、いるはずがない」「あんな料理をわざわざ食べる人なんていない」

だが、顧客もあなたと競争したがっている人も、みんなそんなふりをしているわけではない。

消費者をありのままで受け入れられれば、付き合うのはずっとラクになる。相手を変えようとせず、間違っていると認めさせようともしない。ただ、いっしょに考えればいいだけだ。彼らとつながりをつくるために。彼らが見ているものにこちらのストーリーを加えてもらうために。そして、彼らが耳を傾けるものにこちらの信念を加えてもらうために。

第 5 章

一般的な商品を超えて「強み」をつくる

マーケターの使命

優秀なマーケターは、解決策やほかの人を出し抜くようなことから取り組んだりしない。はじめにするのは、誰のために取り組むのか、その人たちが解決したいのは何なのか、何を変えたいのかを明らかにすることだ。

変化を喜んで受け入れる市場には〝すき間〟がある。ここでいう変化とは、戦術的な変化ではない。顧客の「感情」の変化だ。

マーケターの使命はちがいを生むことであり、消費者がものごとを改善する機会をつくることである。つまり、マーケターは消費者が必要な（あるいは望んでいる）やり方で期待に応えることが必要だ。

だから、改善に向けた道のりを選んで進まなければならない。この機会は自分の利益のためではなく、消費者のためにあるからだ。

１９０６年、ＦＤＡ（アメリカ食品医薬品局）の前身機関が、危険な商品を取り締まるために設立された。病気を引き起こす可能性が非常に高い化粧品「Berry's Freckle Ointment（ベリーのそばかす軟膏）」や、目の病気を引き起こす可能性のある原料が12種類以上も使われていたラッシュルアーに対する消費者の怒りが、政府を動かしたのだ。

それから50年ほどは、プロダクトの質はひどいままだった。運転している車がいつ故障するのか、誰にもわからなかった。

ところがいまでは、品質がいいのは当たり前だと消費者は思っている。

フェデックスは99％以上予定通りに配達しているし、車はほとんど故障しない。化粧品が失明を引き起こすこともなければ、ウェブブラウザがクラッシュすることも滅多にない。停電することもほとんどなく、飛行機もかつてないほど安全だ。

そんな世の中にいながらも、マーケターたちは何かをつくることに長けていると自慢をする。まるで何か特別な例外であるかのようだ。

だが、あなたがやっていることを得意としている人はたくさんいる。おそらくあなたと同じくらい得意なはずだ。

そうなると、してきた仕事とスキルへの絶対的な自信があるだけでは不十分だ。

質、つまり、必要な仕様を満たす品質が求められているが、もはや、それでも足りない。

プロダクトやサービスの品質がまだ不十分だとしたら、本書はあまり役に立たない。当然、品質が高ければすばらしいが、まずは誰にでもできることを見ていこう。

「一般ウケする商品」はもう古い

ほかの人がつくるものを自分もつくったとして、それがアップワーク（クラウドソーシングサイト）やアマゾン、アリババ（B to B トレーディングプラットフォーム）に並んだら、痛い目にあう。

商品開発に費やした努力に見合う利益を上げるためにせっかく価格を上げたのに、消費者はほかでもっと安いものを買っていたら、やりきれない気持ちになるだろう。

クリック1つでほしいものが手に入るとなれば、消費者はためらいなく安いものを買う。消費者の期待を高め、希望と夢の世界に引き込み、より良い未来を描く手助けをするのは、なかなかむずかしい。私たちはそれをやろうとしている。

これからの時代、顧客はあなた以上にライバルのプロダクトを熟知している。だから、どれだけがんばっても、一般的なプロダクトでは満たされないのだ。

ダウンタウンにある靴磨きのスタンドを想像してほしい。

顧客へのアプローチとして、最高の場所を確保し、靴磨きを必要とする人に声をかけるのは1つの方法だ。

だが、問題がある。

1つは、あなたと同じやり方で誰でも靴磨きができるとしたら、通りの先にいるライバルに客の半分を取られるということ。ライバルの価格があなたよりも安ければ、半分以上の客を取られるだろう。

2つめはもっと大切だ。誰もが、靴を磨く必要があるわけではないことだ。靴磨きは欲求であって、必ずしも必要なわけではない。

では、客が靴磨きする理由はなんだろうか。

見栄えを良くしたいのかもしれないし、自分の父親のように見られたいのかもしれないし、マイケル・ジャクソンのようになりたいのかもしれない。靴磨きで気分が良くなり、自信が持てるようになる人もいるだろう。

とりあえずきれいにしておこう、というだけかもしれない。

だからといって、どの靴磨きでもいいわけではない。公共の場で敬意ある職人にしてもらう、ある特定の靴磨きがいいのだ。

こうしたエッジやストーリーや変化は、靴磨き職人が差別化をすればすぐに起こる。

ただし、このようなストーリーは、顧客が自分のためのものだと気づくだけでは不十分だ。ストーリーにもとづいてマーケターが行動を起こし、可能性の扉を開き、ストーリーにまつわるすべての経験を体系化しなければならない。

それは、マーケターが特別だと人に理解させるための仕事であり、ものごとをより良くするものでもある。

何が得意かわかれば、競争しなくていい

ベルナデッタ・ジワは、産業化されたマーケティング手法をわかりやすく紹介した、6冊の本の著者だ。

彼女は著書『Story Driven（ストーリーでマーケティングが変わる）』で、市場の穴を埋めようとすると、「バックミラーを確認する行動」が起こることを明らかにしている。つまり、マーケターは、自分の商品が単なる一般的な商品に過ぎないと思い、ライバルをつねに警戒する。そして、「何かが足りない」という気持ちに振り回されるため、市場を維持するか、わずかに増やすことに焦点を合わさざるを得なくなるという。

そうならないために、起こそうとしている変化の一連のストーリーを見つけてつくり上げ、自分だけのストーリーを手に入れよう。これは欠乏感からくるものではなく、可能性が土台にある生産的な姿勢だ。

これでもうオーディエンスを選んだことになる。オーディエンスをどこに連れて行きたいだ

ろうか。

ベルナデッタによると、良いストーリーは次の10個のことをもたらすそうだ。自分に（あるいは誰かに）語るストーリーがこれらに当てはまらなければ、さらに掘り下げて、もっと現実的で、もっと効果的な良いストーリーを見つけなければならない。

①あなたの目的やビジョンを、あなたのキャリアやビジネスに導く。
②過去にどうやって逆境を乗り越え、ゴールにたどり着いたのかを思い出させ、あなたに自信を持たせる。
③あなたの独自の価値と市場での優位性を、あなた自身が深く理解する。
④本質的価値（コア・バリュー）を高める。
⑤人といっしょに行動したり、価値にもとづいて意思決定をしたりする際に役に立つ。
⑥市場に反応するのではなく、顧客に対応する気にさせる。
⑦自分の価値を示したり、表現したりするビジネスを支援したい顧客を引き寄せる。
⑧ブランド信仰を築き、語るべきストーリーを顧客に提供する。
⑨同じ志をもった、求めている人材を引き寄せる。
⑩やる気を維持し、誇りに思える仕事を続けるのに役立つ。

ストーリーは消費者を運ぶフックになる

マーケターはストーリーというフックに引っかかっている。

マーケターはストーリーを主張し、人を変えたいとコミットしたら、消費者をいまいる場所から新たな場所に連れて行く。つまり、自分のストーリーをフックにして消費者を運んでいるのだ。

フックとは商品を提供するためのものであり、変化を起こすためのものでもある。

マーケターが一般的な消費者のために一般的な商品をつくりたがるのは不思議ではない。一般的な商品の代替品を提供するだけなら、責任はあまりない。自分がやるか、やらないかだけだ。

だが優れたマーケターは思いやりがあって大胆で「もっと良いものがあるから、ついてきてほしい」と言い切る。

ケーススタディ

1人ひとりのニーズに合わせたスタック・オーバーフロー

プログラマーなら、スタック・オーバーフロー（コンピューターや情報技術、とくにプログラミング技術に関するナレッジコミュニティ）のサイトを訪れたことがあるだろう。ここは250人以上の従業員を抱え、高い利益を上げる企業で、サイトを訪れる人は1週間に数百万人もいる。プログラムに関する質問があったとしても、おそらくサイトのフォーラムにすでに回答が出ているだろう。

スタック・オーバーフローはプログラマーの時間と労力の節約に一役買っており、何千人ものボランティアがコンテンツづくりに携わる熱の入ったプロジェクトだ。

設立者のジョエル・スポルスキーは、どうやってここまで事業を発展させたのだろうか。

2000年代のはじめには、エキスパート・エクスチェンジというプログラマー向けのフォーラムがあった。彼らのビジネスモデルはシンプルでわかりやすい。プログラミングのよくある疑問の答えを掲載し、それを見るにはお金を払う必要があるというもので、サブスクリプションコストは年間300ドルだった。

ビジネスとして成功させるため、彼らは消費者の欠乏感を煽った。質問を読むのは無料だが、答えを見るにはお金がいる。

PV数を稼いでサイトに誘導するため、彼らは初期のグーグルロボットで検索結果に答えを表示させる細工をし（おかげで、サイトに誘導できた）、誰かがサイトにやってくると情報をごちゃまぜにして、料金を払うまで答えが見られないようにした。消費者をイライラさせることで利益を生み出したのだ。

一方、スタック・オーバーフローの設立者のジョエルは、共同設立者でプログラマーのジェフ・アトウッドとともに、エキスパート・エクスチェンジとはまったくちがうアプローチを考えた。質問も回答も開示し、求人広告でコストをまかなうという方法だ。なにしろ、優秀なプログラマーが質問したり回答したりするウェブサイト以上に、優秀なプログラマーが見つけられる場所はないだろう。

その過程でジョエルは、より良いプロダクトをつくるには、グループごとに対応を変え、1人ひとりの支持者に世界観とニーズが合うストーリーを語る必要があると気づいた。

忙しいプログラマーのために、質問とベストアンサーを簡単に見つけられるようにした。回答は内容の質によってランク付けされているので、プログラマーが時間をムダにしなくて済む。またジョエルは、回答者1人につき、回答を待っているのは1000人いると気づいた。そこで、質問者をイライラさせたり、自分がでしゃばったりせずに、必要なものを与えた。

一方で、回答者たちにはちがう対応をした。コミュニティやランキングシステムをつくり、コミュニティ内で良い評判と地位が得られるレベルシステムを築いた。

求人情報の投稿者への対応も変えた。彼らは最高の人材を見つけるための、早くて、効率的で、自分たちだけで完結できる方法を望んでいた。強引ではなく、プログラマーの意識を中断させない方法だ。

基盤をプライベートな場に置きたくなかったジョエルは、人の役に立とうと決心し、もっと効率的なものをつくり、人が聞きたがり、必要としているストーリーを語った。

彼はより良いものを築き、それをコアなオーディエンスに広めてもらっただけでなく、お金をもらってする仕事と部外者が考えたことを、コアなオーディエンスに無償でやらせた。

他社ができないことが価値になる

グーグルはヤフーより優れているとされる。

とはいえ、検索結果の質は明らかに他社より劣っていたし、検索速度そのものも劇的に速かったわけではない。

グーグルが他社より優れていたのは、消費者を不快にさせない検索ボックスだった。ヤフーのトップページには183個のリンクがあったが、グーグルはたった2つだった。これはグーグルの自信と明確さの現れであり、他社はそれを崩すことはできなかった。だから、一部の消費者にとっては、ほかのサーチエンジンよりも価値があった。

だが、いまはダックダックゴーのほうがいいだろう。なぜなら、他社とちがって、大企業の一部というわけでもなく、裏で消費者の個人情報の収集もしないからだ。

これも一部の消費者にとってはほかより価値がある。

ボストンにあるトライデント・ブックセラーズ・アンド・カフェは、火災で一時的に閉店するまで、国内でもっとも活気のある成功した書店の1つだ。

アマゾンがどれほど安く大きくなっても、トライデントは順調だった。なぜなら、アマゾンができないことをやっていたからだ。

コーヒーの提供である。

オンラインストアと競合する小売店を経営するなら、「さらに、私たちのお店ではコーヒーが飲めます」というのは、悪いキャッチフレーズではない。

コーヒーがいっしょなら、何かが「より良く」なるからだ。

コーヒーによって、家でも会社でもない第3の場所、つまり、人と出会い、つながり、夢を見られる場所をつくることができる。

トライデントの本業はコーヒーショップだが、本を売っている。トライデントで買った本は、トライデントへ行った人がその日つくった個人的なつながりのお土産なのだ。

サービスとしての感情労働

「ありのままで生きる、攻撃されやすいヒロイン」。

これはよくある典型的なヒロインの姿だ。ありのままの自分で自信たっぷりに現れ、批判をものともせず立ち向かう女性。そして、彼女たちは勝利の祝杯を挙げる。

だが、このヒロインは虚像だ。それも、危険な虚像だ。

もちろん例外はあるだろうが、一般的には、批判に立ち向かうよりも、喜んで人のために身を投じる献身的な人のほうが歓迎される。

望む変化へのサービスをしてくれる人。共感できるストーリーを喜んで語ってくれる人。

彼らが語るストーリーは、自分のストーリーと部分的にしか一致しないかもしれない。この瞬間は正しいと感じるかもしれないし、感じないかもしれない。表面のその奥には、何層にも重なった自分がいるだろうし、つねにすべての層が表面に出ているわけではない。

専門家は役を演じている。その日の自分の状態や患者やクライアントに関係なく、できる限り最高の仕事をするために。

ジェームス・ブラウンがステージ上でひざまずいたとき、彼は疲れきっていて、付き人が支えなければ立てなかった。その日のステージは本来の出来ではなかったかもしれないが、すばらしいプロ根性によって成立した。結局、それは毎晩続いた。

セラピストは一日中患者の話を我慢して聞いているのかもしれないが、それはたんに仕事だからやっていると考えたほうがいいだろう。

スターバックスのなじみのバリスタがにこやかに微笑み、良い一日を願ってくれたとしても、仕事上そうしているだけで、自分をさらけだしてそうしているわけではない。

それで問題ない。自分をさらけだすことと仕事の出来は関係ない。自分をさらけだす相手は市場ではなく、家族と親しい友人だけにしておいたほうがいい。

本来の自分を見失わないように、しっかりと守ろう。そうすれば明日もあなたは仕事で必要とされる。


マーケティング行為は、寛大な行為だ。ジェームス・ブラウンとさきほどのセラピストは、ありのままの姿では世の中でやってはいけないことも、人は自分が理解され、サービスされたがっていることもわかっていた。人はただ、マーケターがやりたいと思っていることを見ていたいわけではない。

いちばんいいやり方でベストな仕事をするのは、自分のためでなく消費者のためだ。その人たちのために最高の自分を差し出す。三つ星レストランのシェフが、自分のために12種類の品を出すコース料理をつくらないように、仕事に自分の不安や恐れ、緊急な事情を持ち込むのは求められていない。

仕事をするのは、人に貢献するためだ。


感情労働とは、やりたくないことをやる仕事だ。イヤな気分でも笑顔で対応したり、誰かをこっぴどく叱りつけたいと思ったりしつつも、その人と関わることで大きなメリットがもたらされるとわかっているので我慢したりする。

ありのままの自分でいるには、少しエネルギーと気合がいる。自分の本当の気持ちをさらけだすためには、拒絶されてもそれは相手の問題だということを理解し、しっかりと自信を持たなければならない。

だが、変化を起こすという大切な仕事では、隠さなければならないこともたくさんある。思いつきの（空想の）思考でふるまっていたなら、不安定で、重要な仕事を遠ざける原因になってしまう。本当の自分は自分勝手なら、それはいったん家に置いておこう。

いい仕事をするのに、ありのままの自分でいたほうがいいと思うのは、アマチュアの考えることだ。一時的に自分らしくいることで、その場しのぎの仕事をしているにすぎない。

一方、感情労働ができるマーケターには、仕事をしながらプロになるチャンスや共感力を得るチャンスがある。共感力で人が何を望み、何を信じ、どんなストーリーを聞きたがっているのかが想像できるようになる。

感情労働をしないのは、ありのままでいたいからだ。逆に、気力を消耗させながらも感情労働をするのは、それがプロの仕事であり、変化を起こしたい気持ちが根底にあるからだ。

感情労働こそが、サービスの提供なのだ。

よく知らない企業からのメールで、「あなた」という呼びかけが使われていたら、その裏に誰かがいる気がする。うまいやり方だが、リアリティはない。そんなメールを受け取ってもつながりなど感じられないし、不気味さしかない。

一方、人が責任を果たすために感情労働をするとき、「よろしければ、どうぞ」という言葉は、つながりをつくり、成長のドアを開けてくれる。

業績のいい組織に必ずしも有名なリーダーがいるとは限らないし、メールに署名があるとも限らない。だが、業績のいい組織では、「よろしければ、どうぞ」と人はふるまう。

マーケターの目標は、仕事の個人化ではない。個人に向けて仕事をすることだ。

第 6 章

思い通りの結果を出すために大切なこと

いい仕事をするために、学校や職場ではルールを守る、宿題をやり遂げる、A評価をもらう、特定の産業の特定の利益のために決められたことをするなどと教えられただろう。

「What do you do？（何をしていますか？）」は、職業をたずねる問いだ。

アメリカ政府が定めた次の仕事の説明を見てみよう。

・ミシン作業者　グレード：6

家庭用および工業用の電動式ミシンと、特殊な機能をもつミシン（ボタンホール、仮縫い、腕ミシンなど）を用意し作業を行う。口頭または書面で指示された範囲内で認められた方法、技術、手順で、作業の判断と決定を行う。扱う物の最大重量は5キロ（10ポンド）だが、10キロ（20ポンド）になることもある。通常作業は十分な光と室温が保たれ、換気された室内で行う。切り傷や打撲を負う可能性あり。

これは〝仕事〟の描写で、夢や望みについては触れていない。だが、伝える情報はそのままでも、文章自体はいくらでも変えられるし、価値を生み出すことはできる。

お金の仕組みもまったく同じだ。20ドル札そのものに意味があるのではない。20ドル札を使って買えるものに意味がある。

プロダクトやサービスにも同じことがいえる。

自分たちはプロダクトを提供しているつもりかもしれないが、そうではない。

これからは売り方を変えて、顧客の夢や望みに一歩近づくような、新たな〝感情〟を提供しよう。マーケターは、仕事やモノではなく、感情やステータス、つながりを売っているのだ。

マーケターが引っかかりやすい3つのワナ

人に何を望んでいるのかとたずねても、探している答えは見つからないし、大ヒットするものも絶対に見つけられない。クラウドファンディングは大衆がつくったものの1つだが、大衆は大成功するものをつくるのはそれほどうまくない。人を観察し、人の夢を理解し、望む感情を与えられるものを売るのは、マーケターの仕事だ。

だが、マーケターの多くが、ある3つのワナに引っかかりがちだ。

1つめは、人が「ほしいもの」と「必要なもの」を混同していることだ。

人が必要なものは空気、水、健康、屋根などで、それ以外は、ほぼほしいものだといっていい。これらが何不自由なく手に入る環境にあると、ほしいものを必要なものと思い込む。

2つめは、人は自分がほしいものはよくわかっているが(必要なものだと思っている)、それを手に入れる方法を考えるのはとても下手なことだ。うまくいかないとわかっていながら、ついこれまであったものでなんとかしようとする。新たな方法を考えなければいけなくなると、行き詰まる。

3つめは、誰もが同じものを望んでいると思い込むことだ。人は同じものなんて望んでいない。アーリーアダプターは新しいものをほしがるが、流行に疎い人(ラガード)は決して変わらないものを望む。ある人はチョコレート味が好きで、ある人はバニラ味が好きなように、好みも人それぞれだ。

消費者の夢と恐れを表す言葉

地球上の70億人の人にはそれぞれ個性があり、それぞれがちがった欲求、必要性、痛み、喜びを持っている。だが、重なる部分は多い。

113ページのリストは、消費者が夢と恐れを表現するときによく共有される基本的な言葉だ。

おそらくあと10個は追加できるだろう。だが、50個となるとむずかしい。つまり、夢や欲求

冒険
所属
愛情
コミュニティ
新しいことを避ける
コントロール
創造性
身体的活動
喜び
力
表現の自由
安心
移動の自由
信頼性
友情
尊敬

美貌
復讐
健康
恋愛
新しい学び
安全性
高級
セキュリティ
ノスタルジア
性別
従順
強さ
参加
同情
心の平安
緊張

そのものは、そう大きく違わないのだ。画家が傑作を描くのにたくさんの色を使わないように、マーケターが扱える夢や願望の数もそう多くはない。

変化を起こすには、まずはオーディエンスや消費者が望み、必要だと断言しているものから始めよう。彼らが目覚めたときに心に浮かべるもの、まわりに人がいないときにこっそりする話、その日の終わりに思い出すことはなんだろうか。

それがわかったら、自分のストーリーと約束が、顧客の欲求や要望にどう役立つのかを自信をもって断言しよう。誰かと出会ったとき、相手はこちらと同じものを見るだろうか。こちらが相手は望んでいるはずと思っていることを、相手は本当に望んでいるだろうか。相手は行動してくれるだろうか。

変化を起こすには、自分がいま抱えている機械や在庫品、戦略をどうするか、ということから始めてはいけない。すでにやり方を知っていることや、自分のミッションを妨げるものから始めてもいけない。顧客の夢や恐れ、感情、彼らが求める変化から始めよう。

あなたは「白い革の財布を必要としている消費者がいるはずだ」と考えるかもしれない。だがそれはおかしい。その理由は次の2つだ。

①人は財布を必要としていない。財布をほしがっているかもしれないが、必ずしも必要なわけではない。

②白い革の財布がほしいと思うかもしれないが、ほしい理由は白いからでも、革だからでもない。それを手に入れたときの感情を味わいたいのだ。人が手に入れたいのは、財布ではなく感情だ。財布をつくるのに時間を費やす前に、顧客はどんな感情を味わいたがっているのかを特定しよう。

マーケターは変化を起こす。人の感情を別の感情に変化させる。彼らを変化の旅に連れて行き、その旅で、少しずつ、夢見ている自分になれる手助けをするのだ。

不動産屋に連絡したいと思う人は少ないだろう。不動産屋は連絡してもらいたいと思っているかもしれないが、顧客にとってはあまり楽しい経験ではない。ぼったくられるのではないか、急かされるのではないかという恐怖や緊張。引っ越しに対する不安、金銭的なストレス、ステータスへの影響、将来への不安や子どもの心配といったことを感じる。

つまり、不動産屋は、顧客の未来へと続く道にある障害物なのだ。不動産屋の話のほとんどが顧客にとってわずらわしいものでしかなく、一時的にしか不動産屋を利用しないのは、何をするにもお金を払わなければいけないからだ。

全米不動産業者協会の統計によると、不動産屋と契約している80％以上の人が、その不動産屋を選んだ理由は、最初に折り返しの連絡をしてくれたからだという。

となると、ほかより優れた不動産屋を目指している人にこう質問したい。

どのようにして、他社より優位に立つつもりか。どのようにして、顧客を安心させるのか。どのようにして、綿密な調査力で差をつけるのか。どのようにしてどこよりも速く、親切で優れているとアピールするのか。

顧客が必要とし、望んでいるものは、不動産屋が彼らのために得た情報を与えられたときの感情だ。

不動産屋と同じく、マーケターの仕事も日用品を売ることではなく、相手の望む感情を売ることだ。

人があなたの期待通りの行動をしないときは、相手の「恐れ」を探してみよう。獰猛《どうもう》なクマに食べられそうなときに、夢なんか見ていられない。たとえ（あるいはとくに）それが想像であってもだ。

あなたの望みを当ててみよう。尊敬、成功、自立、適度な忙しさ、それとほんの少しの名声。誇りに思えて、大切な人のためにする仕事。

１１３ページのリストに載っていないあなたの望みはなんだろうか。

細かいことはあまり重要ではない。顧客が恐れを手放し、ポジティブになりたがっているように、あなたもそう思っているはずということだ。

感情を変化させられれば、心に大きなゆとりができ、たくさんの自由が生まれる。

望みを叶えるには、ビジネスの慣習が役に立つかもしれない。独立するには、それなりの資産か良い評判が必要だろう。経済的に豊かになりたいのなら、十分な価値があるものを適切な人に提供し、喜んでお金を払ってもらう必要がある。自分の仕事に誇りを持ちたいのなら、先頭争いの競争を避け、会社の文化を批判しないようにしなければならない。

ルールはあるにせよ、ゆとりはたっぷりある。深く掘り下げて、自分が起こしたい変化を決め、どのように（誰に対して）応援をするかを決めよう。

そして、4章のエクストリームの軸のエクササイズ（80ページ）に戻って、もう一度、新たな軸や発見、約束を見つけ、貢献する価値のある人を探し、起こす価値のある変化を見つけよう。

評価テストで変化に追いつく

マーケターはつい万人向けするつまらない商品をつくりたくなってしまう。

つまらない商品は、批判される要素がないからつまらないのだ。条件は満たしていても、緊張は生まれない。みんなが幸せなら、不幸な人はいない。

だが、つまらないものに満足している人の市場には動きがない。彼らはより良いものを探していないからだ。

新しいものとつまらないものは共存しにくいので、つまらないもので満足している人はあなたを求めていない。むしろ、積極的に避けるだろう。

かつてないほど変化の速いいまの社会では、つねに評価テストをし、つまらないものをつくりたくなる衝動に対して抵抗しなければならない。また、自分が貢献できるのは、好奇心があり、現状に満足せず、退屈している人たちだけだ。それ以外の人は、こちらが差し出すものに関わったり、関心を向けたりしなくてもいい。

現代社会では2つのうれしいことが起こった。販売方法が大きく変化したのだ。

①試作品や限定品をつくる方法が、安く、速くなった。これは非営利団体だけでなく、メーカーやサービスを行う企業にも恩恵がある。

②アーリーアダプターを見つけて、こちらの話を聞きたい人と交流する方法が、安く、速くなった。

販売方法が変化したのは、現代では1人ひとりが意見を言えるようになったからだ。だから、顧客に対して行う約束を決め、エクストリームを選び、変化させたい人を見つけ、提供したいものを持って彼らに会いに行こう。

実際に評価テストをしてもいい。できることを行い、変化を起こしたい人といっしょに仕事をする。つねに探求し、人とつながり、問題を解決し、自分の考えを主張し、自分を信じ、人を理解しテストする。

販売方法の変化によって、「自分は間違っているかもしれない」ということも明らかになる。もちろん正しいこともあるだろうが、たいていは間違っている。でもそれで構わない。

スクラップブックで収益率を上げる

はじめから方向性を間違うと、かなり大変だ。アイデアが独創的すぎると、収益率が高くならないので疲れる。

それを避けるには、スクラップブックをつくるのが効果的だ。

ウェブサイトをつくる、メールキャンペーンをする、新しい商品をつくる。そんなときにつくるといい。

まずは、関わる人たちが惹きつけられそうなものや、信用してくれそうなものを見つけよう。書体、価格、提案、画像、インターフェースなどを切り抜き、それをもとのオリジナルのものまで分解したら、新しいものをそのうえに乗せていく。

これは、ウェブサイトやポッドキャスト、新しい製品を1つにまとめるときにも使える。あなたと顧客にとって重要な目印になるもの（あなたが特化するもの）を見つけ、これからつくる新しいものに織り込むのだ。

10倍の価格をつけても選ばれるには

30ドルのマッサージと、300ドルのマッサージのちがいはなんだろうか。

200ドルの価値があるのはどんな本だろうか。1500ドルの価値があるホテルの部屋は？　慈善団体に50ドルではなく500ドルを寄付する理由は？

「いくら払っても同じだから」という答えは間違っている。

オーディエンスの数を劇的に増やしたり、価格を大幅に上げるには、単に長時間働いたり、もっと多くの人に関心を向けさせたりするだけではいけない。

本に通常よりもたくさん言葉が載っているからといって、フライドポテトをいつもよりたくさん注文したからといって、ステレオの最大出力が大きくなったからといって、10倍のお金は払わない。選ばれるためには、いまあるものとは別のエクストリーム、別のストーリー、別の希少なものが必要になるのだ。

カナダのアイスクリーム屋、フィオナの店ではしょっちゅう店の外まで人が並んでいる。お店のアイスクリームはおいしくて量もたっぷりなのに、ワッフルコーンで3カナダドル以下だ。そして、店員はいつもにっこりと笑顔で対応してくれる。とても魅力的な店だ。人々はアイスを食べ切ったら、あたりを散策して、水辺を散策し、1週間後か、来年の休暇をどこで過ごそうかと計画を立て始めるだろう。

オタワの近くにあるこぢんまりとした素敵なリゾート施設、ザ・オピニコンでは、もっと高い値段でアイスクリームを売っている。MBA（経営学修士号取得者）のチームが市場分析を行い、損益レポートを作成し、8ドルの価値があるとはじき出した。それがいちばん収益率の高い金額だったのだ。

しかし、彼らのビジネスはアイスクリーム販売ではない。アイスクリームは象徴や客寄せ、あるいはそこでアイスクリームを食べられる機会の提供にすぎない。

すべてを計算ではじき出せば、合理的な計画になる可能性はある。だが、合理的な計画が、活気や客を引き寄せる魔法、客の思い出をつくるわけではない。

小さなスーパーのステュー・レオナルズは、ある偉業を成し遂げた。

経営コンサルタントのトム・ピーターズによって紹介されたのだが、1平方フィート当たりの売上金額がもっとも高かった小売店となったことがある。

ステュー・レオナルズは体験型のアミューズメントパークのようなスーパーで、カスタマーサービスに定評があった。販売の方法も巧みで、品揃えも魅力的だった。

店舗が2、3店増えたとき、オーナーが新しい世代に変わり、短期的な利益を重視し、広告に興味を示さなくなった。しばらくは売上が伸びたが、いまは、年々混雑が減り、活気がなくなり、おもしろみもない。近くに新しいスーパーができて一旦顧客が離れ始めると、どんどん減り続け、ついには客が「そもそも、なぜわざわざここに来なければいけないのか」と思うような状態になった。

決して価格の問題ではない。

「より良い」かどうかを定義するのはむずかしい。だが、繁栄する企業には、「魅力的な存在になる」という、計算でははじき出されないものを追究する精神があるのは間違いない。

第 7 章

「最小の市場」で生き残り続けるために

利便性がネットワーク効果を生む

常連客は、必ず新しい顧客を連れてくる〝営業スタッフ〟になってくれる。

広がりのない顧客なら、手間ひまをかける価値はない。音沙汰のない顧客、嫉妬深い顧客、あなたを隠したがる顧客……。そんな顧客と付き合っていては、ビジネスで成長は見込めないからだ。

社会の仕組みを変えるようなビジネスを成功させるには、口コミの力が必要になる。そのためには、プロダクトやサービスが普及したときに、私たちの生活が向上するものをつくらなければならない。

そうすれば、良いスパイラルができ、そのスパイラルから変化が生まれる。

その昔、ファックスが登場したとき、とても注目を集めた。普及したのは、巧妙な宣伝キャンペーンのおかげではない。ユーザーがファックスを使いたいと思い広めたからだ。

なぜか？　それは、自分だけではなく、仕事相手もファックスを持っていたら、これまでより便利になるからだ。つまり、ほかの人に広める理由ができたのだ。

スリーコムの創業者、ロバート・メトカーフは、イーサーネットを発明したときに、これを

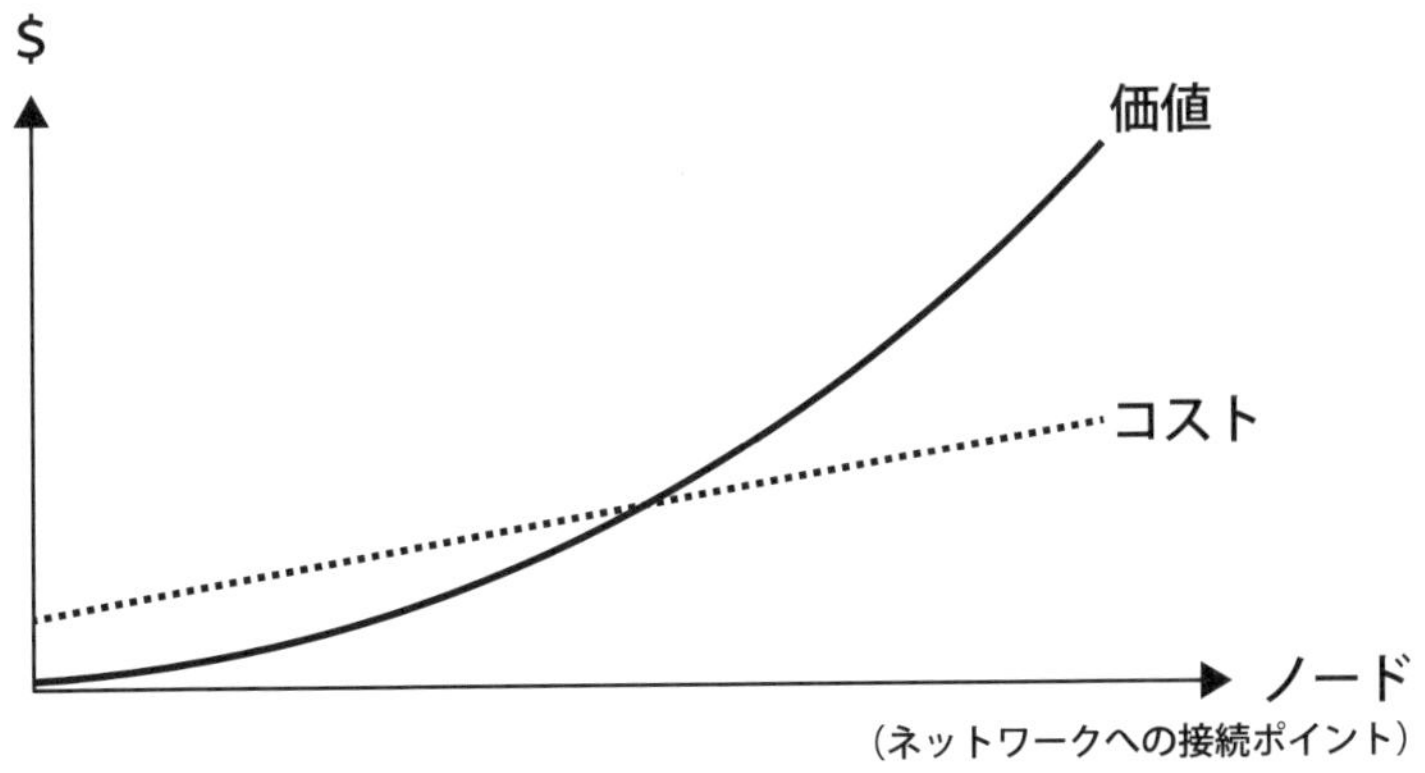
$
価値
コスト
ノード
（ネットワークへの接続ポイント）

じかに体験した。スリーコムは当初、3人のユーザーにPCを接続する許可を与え、プリンターを共有した。それだけなら、利益などほんのわずかで、わざわざ取り上げる話でもない。ところが、ユーザーがデータを共有し始めると、状況は一変した。

現代の私たちは、つねにどちらかの状況にいる。オンラインかオフラインかだ。オフラインでネットワークから切り離されて孤立したら、苦痛を感じるだろう。ネットワークにつながる人が増えれば増えるほど、ネットワークの話をする人も増える。そうなれば、孤立はさらに耐えがたくなる。

もともと、メトカーフの法則のグラフ（125ページ）には2つの線しかなかった。ゆるやかに上がる直線は、ネットワークにつながる人が増えるごとに増加するコストを表し、急上昇する曲線は、ネットワークにつながる人が増えるごとに上がる価値を表している。この単純なネットワーク効果は、大衆運動や、功を奏した文化の変化の核となるものである。この効果が表れるのは、すばらしいものがつくられたときだ。そしてさらに重要なのは、そのプロダクトやサービスをほかの人といっしょに使えば、生活がいまより便利になることだ。

「周囲の人にも伝えたい」が動機の口コミは、成長の原動力になる。そして成長は価値を増大させ、それがさらなる成長をもたらす。

「マイクロマーケット」の影響力

顧客獲得の真実、それは「奇跡は起こらない」だ。

古いタイプのマーケターは、なんの変哲もない「まあまあ」な出来のプロダクトやサービスが、ある日突然変わることを夢見ている。

広報活動、刺激的な宣伝、プロモーション、流通、広告、影響力のあるマーケティング、コンテンツマーケティング、そしてスパム的な広告メールについても考える。夢のなかでは、プロダクトがすばらしいものになっていて、誰もがほしがっている。まさに飛ぶように売れるヒット商品になっているのだ。

だが、あなたはこんな夢には騙されてはいけない。

たしかに、まれに大ヒット商品が生まれることもあるが、たいてい失敗に終わる。それも、高くつく失敗だ。

だから、そんな奇跡を待つのではなく道を探そう。その道が、顧客を引き寄せ始める。

あなたがオープンしたばかりのお店には、毎晩友人を連れて食事に来てくれる常連はどれくらいいるだろうか。あるいは農家の市場や、あなたが始めた非営利団体や、地方のベビーシッターサービスはどうだろうか。

そうしたものがなくなって困る人はいるだろうか。
小さな市場で成功しなければ、大きな市場での成功は見込めない。

社会に影響を与えたい人たちが挑むべきは、「マスマーケット」ではなく「マイクロマーケット」をつかむことだ。マスマーケットを相手にすれば、大勢の人を喜ばせようとして、本来の姿がわからなくなるくらい自分を曲げてしまう。

だが実は、自分がいなくなれば困る50人、あるいは100人のファンは必ずいる。少数を大切にしたほうがはるかに生産的だ。

2008年、アメリカの雑誌『ワイアード』誌の創設者であり編集者のケビン・ケリーは、成長しそうな最小の市場の真実をエッセイに書いている。

独立したクリエイターや知的財産権の所有者（歌手や作家など）なら、真のファンが1000人いれば、ふつうよりも良い暮らしをするのに十分だということがわかっている。

ケビンによると、「真のファンとは、あなたが生み出すものならなんでも買ってくれる人だ。こうした熱狂的なファンは、あなたの歌を聴くために300キロ以上もドライブして来てくれる。あなたが書いた本のハードカバーも、ペーパーバックも、オーディオブックも買ってくれる。発売前のフィギュアを予約してくれる。あなたの無料のユーチューブチャンネルのベストDVDを買ってくれる。毎月一度、あなたのレストランに来てくれる。こうした真のファン

（最高のファンとも呼ばれている）が1000人ほどいれば、生計を立てられる――あくまでも生計が立てられるだけで、ひと財産を築けるわけではないが」

パトレオン（ユーチューバーやミュージシャン、ウェブコミック作者向けのクラウドファンディング）であなたを支援してくれる1000人、あるいは、キックスターターであなたがプロジェクトを立ち上げた日に支援してくれる1000人。あなたの仕事を気にかけるだけでなく、周りの人にも広めてくれる1000人。

現代のヒットは、もはやかつてのヒットと同じではない。現代では、少数の人にとってだけ意味があり、それ以外の人の視界には入らないものでもヒットなのだ。

マイクロマーケットをつかむ3つのポイント

私はよくロックバンド「グレイトフル・デッド」の話をするが、つながりを持った人たちのリーダーをやる勇気のある人は、いまだ見たことがない。私が最初にグレイトフル・デッドについて本に書いたのは10年前だが、まだたくさんの人がとにかく業界のトップ40に入りそうなものを探すというワナに陥っている。

グレイトフル・デッドは、成長可能な最小の市場のもつパワーの大きさを知るには、いちばんいい例だ。

しかし、ミュージシャン、出版社、ジムのオーナー、コンサルタント、シェフ、教師といった人たちは、グレイトフル・デッドがかつてヒット争いで敗れたことを忘れているようだ。

まず、グレイトフル・デッドのようなバンドを始めたいと思う子どもはまずいない。彼らは以前ビルボードのトップ40に入っている。ただし、一度だけだ。

グレイトフル・デッドは、風変わりなヒッピーバンドと簡単に片づけられる。彼らのファン、それも真のファンだが、彼らもまた風変わりなヒッピーだとされる。

ヴォーカルのジェリー・ガルシアが生きているあいだは、3億5000万ドル以上の収益を上げているし、彼の死後にも1億ドルの売上がある。これはレコードではなく、コンサートチケットの売上金額だ。しかも、チケットの平均金額はわずか23ドルだ。

これは、真のファンがおり、そのファンが噂を広めたからにほかならない。だが、真のファンのグレイトフル・デッドとつながりたいという欲求が、完全に満たされることはなかった。

グレイトフル・デッドのマーケティングが成功した要因は次の通りだ。

- アピールしたのは比較的少人数に対してのみで、その人たちのために彼らは全力を注いだ。
- アイデアを大衆に広めるのにラジオを使わず、ファンに任せた。ファンにライブを録音してもらい、人に渡してもらった。

● たくさんの人に少しずつサポートしてもらうより、少数の真のファンにたくさんサポートしてもらうことを選んだ。

● XY軸（80ページ）のエクストリームにあるものを選びだし（ライブVS聞きやすいレコード、ファンのための長いセッションVSラジオ向けの短いヒット曲）、そのどちらも行った。

● ファンが支持してくれたり、ほかの人に話してくれたりするのに十分なだけの話をファンに語った。仲間にも、部外者にも。

これらを実現するには、次の3つが必要だった。

① 類い希なる才能

才能がなければ1年で146回のコンサートをこなすことはできない。

② かなりの忍耐力

1972年がバンドのピークだとみなした人もいた。通常のコンサートにわずか5000人しか来なかったのだ。〝一夜の〟成功まで10年以上かかっている。

③ 風変わりを貫く勇気

しばらくの間だったが、ほかのアーティスト（ゾンビーズやドアーズ、タートルズ）のレコードが自分たちより売れているのを見るのはつらかっただろう。

1972年、自分たちのやり方を貫き通し、寛容に構えていた彼らは、幸いにも降ってわいたような驚くべき成功をつかんだ。いまでは、ほぼどの業界でも、こうした成功は降ってわいてこない。グレイトフル・デッドのように、ファンとのつながりをつくることは成功への最善の道であり、多くの点でもっとも達成感のある成功といえる。

ビッグ・マシン・レコードの最高経営責任者であるスコット・ボーチェッタの例を見てみよう。彼の会社はナンバーワンシングルを200曲以上所有している。これは驚くべき数であり、彼は世界的なマーケターといえる。

ビッグ・マシン・レコードが販売したテイラー・スウィフトのレコードは3000万枚以上で、彼女のツアー収入はデッドとほぼ同じである。テイラーもスコットもヒットマシンだ。

ほとんどの市場にはヒットマシンになる人物が必要だ。

音楽業界でいえば、いまはこの2人がヒットマシンだろう。どんなロングテール（細々と売れる商品）にもショートヘッド（売れ筋の商品）、ヒットが存在する場所がある。ヒット商品は私たちの社会にとって役に立つが、重要なのは、ヒット商品は誰かがつくっているが、それはおそらくあなたではないことだ。

「ヒットマシンになる方法」や「市場の動きを変える、大きなムーブメントをつくり続ける方法」などという指南書が見つかったら、ぜひそれを手に入れよう！

見つからない人には別の方法がある。それはつながり、共感、変化をたどる道だ。

批判を乗り越えるコツ

あなたの仕事が気に入らない批評家は正しい。イヤなものはイヤなので、議論しても仕方がない。

だが、「あなたの仕事を好きになる人はいない」と言う批評家は間違っている。とりあえず、あなたは自分の仕事が気に入っているし、ほかの人も気に入ってくれる可能性はある。

これが、ベストセラーの本でも、アマゾンで必ず星が1つと5つのレビューに分かれる理由を理解する方法だ。

たとえば、米アマゾンでの『ハリー・ポッターと賢者の石』の2万1000件のレビューのうち、12％が星1つか2つだ。1000人のうち、12人が「これまで読んだなかで最悪の本だ」

と評価している。なぜ、同じ本の評価がそれだけ分かれるのだろうか。

　この2つの評価からは、どんなベストセラーの本でも、少なくとも2種類のオーディエンスがいることがわかる。1つは作者の期待通りのオーディエンスで、夢と信念を持ちその本と完全な一体化を望んでいる人たち。もう1つは作者の想定外のオーディエンスで、その作品を好まず、その気持ちをほかの人と共有して満足する人たちだ。

　要は、良い・悪いではないのだ。もちろん、どちらの意見も正しいが、どちらも有益なわけではない。

　良いか・悪いかといったフィードバックを求めるのは、勇敢だが愚かな行為でもある。「すごいものをつくったと思っているのだろうけど、ちっともすごくない」と人に言わせることで、わざわざ自分が間違っていることを証明しようとしているのだ。

　では、フィードバックではなく、アドバイスを求めるのはどうだろう。

　たとえば、「自分が好きなものをつくってみた。あなたも気に入るかと思って。どう？　あなたの世界観にもっと近づけるにはどうすればいいと思う？」と聞く。

　これなら批判されないし、関わる人についてたくさんの有益なアドバイスがもらえる。そのアドバイスは彼らの恐れや夢や望みを知るのに役に立つし、次につくるものをもっと望みに近づけるヒントになる。

　たくさんの人が、あなたの仕事をどう感じたかを教えてくれる。人は自分の頭のなかのノイズは自覚しているが、そのノイズは誰かに対する個人的な批判として表現される。

ただし、そうした批判は、あなたに向けてではないかもしれないし、役に立たないかもしれない。誰かの恐れを耳にするかもしれないし、不適切、あるいは不公平な誰かのストーリーを聞くことになるかもしれない。


人は自分のネガティブなストーリーを誰かに語るとき、誇張したり、一般的な話にしたりする。「誰もが」あるいは「みんなが」どう感じるか、という言い方をする。だが本当に伝えたいのは、その人に何かしらの痛みがあることだ。その痛みは、特定の瞬間に、特定の仕事によって触れられて生じたものだ。

痛みを抱えている人は、ベビーシャワー用に本を買ったのにその日に間に合わなかったからと、星1つのレビューを書いてしまう。あるいは、結婚式の予算を超えてしまって怒っている顧客だ。有益なアドバイスをくれる人とはまったくちがう。有益なアドバイスは、そのアドバイスをくれたような人たちといつか仕事をするときに役に立つ。

感情的な攻撃から離れ、現実的で役立つ指南を引き出す努力には価値がある。

なぜ、消費者はそれを選ぶのか？

ではここで、少しむずかしいエクササイズをしよう。一般的なマーケターの共感力を養うエクササイズだ。

あなたから買わない人、あなたからの電話を取らない人、あなたの革新を鼻であしらう人、あなたがいるとわかっているのにライバルから喜んで買う人。

あなたを選ばない消費者の決断が正しいとしよう。では、なぜ選ばないのか。

懸命に働いてきたなら、消費者の判断を非難したくなるだろう。消費者の価値観に疑問を抱き、知識不足で、わがままで、ひねくれ者だと思いたくなる。

だが、その考えはいったん置いておき、選んだ人の気持ちに寄り添って、次の文章の空欄を埋めてみよう。

「あなたと同じものをほしがる人は［　　］で、

あなたと同じことを信じる人は［　　］なので、

「　　　　」を選ぶ」

もうおわかりだろう。

消費者は自分が理解しているもの、自分が信じていること、自分がほしいものにもとづき、合理的な判断をするのだ。

数年前、料理教室に行ったことがある。

友人が料理教室体験のプレゼントをしてくれたのだ。シェフは牛挽肉を使った料理を教えていた。「質問はありますか?」とシェフがたずねると、ある生徒が手を挙げてこう聞いた。

「牛肉じゃなくて、七面鳥の挽肉を使ってもいいですか?」

シェフは冷笑し、強い口調でこう答えた。

「ええ、いいですよ……まずくなってもいいならね」

もちろん、どちらも正しい。

生徒が牛肉より七面鳥がいいと思ったのは、入手のしやすさ、ヘルシーさ、あるいは、道徳的な理由があり、シェフが教えた味の調和よりも自分のストーリーを大切にしたからかもしれない。ところが、美食家のマルセル・プルーストが好んだ料理の再現がすべてだったこのシェフにとっては、七面鳥の肉を使う発想は、これまでの努力をバカにされたと感じ、あのような発言となったのだ。

誰が、何を望み、何を知っているのかというベースのちがいで、正しいものは変わる。それも、毎回変わるのだ。

「すいません、これはあなたの役に立ちません。あなたにぴったりなのは他社（ライバル）のものです。連絡先はこちらです」と言える共感力を身につけられれば、重要な仕事をする自由も見つかるだろう。

第 8 章

消費者は自分と同じステータスの人にとらわれる

大きな変化は起こす価値がある

すでに述べたように、あらゆる組織、プロジェクト、相互関係のあるものは、ある1つのことを行うために存在している。それは変化を起こすことだ。

それはモノを売るため、政策を変えるため、世の中を癒やすためだ。

マーケターや変化を起こす側の人は、たいてい自分の能力を過大評価している。

理由は簡単だ。人はつねに自分のなかで語られるストーリーにしたがって、行動しているからだ。

やりたくないことを無理強いさせることはできないし、たいてい人は自分のなかで語られるストーリーを正当化する行動をとりたがる（あるいは、ストーリーを正当化するために行動をやめる）。

ある人たちは、人に行動を変えさせられることを受け入れるストーリーを持ち、ある人たちは、人に変えられることに対して抵抗するストーリーを持っているかもしれない。

ほとんどの人にとって行動を変える力になるのは、人と調和したいという欲求（〝私たちと同じステータスの人〞がすることをしたい）と、ステータスの認識（従属者になるか支配者になるか）だ。だがそのどちらも、マーケターの抵抗になることが多い。それを変えるには、「緊張」が必要になる。

この力がうまく働けば、まったく新しい方法で世の中をナビゲートできる。

消費者は同調圧力にとらわれやすい

コオロギを食べたことがあるだろうか。カリカリとした歯ごたえや虫の姿がイヤなら、コオロギの粉はどうだろう。世界中の多くの地域では、コオロギはタンパク質の供給源だ。では、牛肉はどうだろうか。牛肉はもっとも問題とされている地球温暖化の原因の1つであり、牛肉で世界中の人の胃袋を満たすのは非常に効率が悪いが、本書を読んでいる人の大半は、先週のどこかで昼食や夕食に牛肉を食べているだろう。

食の好みが遺伝ではなく、コオロギと牛肉に対して持って生まれた何かしらの感覚がないとしたら、また、コオロギや牛肉を食べる明確で合理的な理由がないとしたら、なぜコオロギはぞっとして、牛肉だと腹が減るのだろうか。

それは、私たちのまわりの〝私たちと同じステータスの人〟が、そういうものを食べるからだ。

ほとんどの人は、記憶のある最初の日から息をしなくなる最後の日まで、主に1つの問いによって動かされている。

それは、「〝私と同じステータスの人〟は、こんなことをするのだろうか」という自分に対する問いだ。


〝私と同じステータスの人〟は税金をごまかしたりしない。

〝私と同じステータスの人〟は車を持っているので、バスには乗らない。

〝私と同じステータスの人〟はフルタイムで働いている。


人間は予定外の行動をするときや、世の中の人があまりしないことをするときは、その行動にとらわれる。

誰も自分の周りで何が起こっているかに気づかないし、気にもしない。人とまったくちがい、自主性があり、あらゆる面で完全に自立している人はいない。

そして、私たちは社会全体を変えることはできない。変えるチャンスがあるのは、小さな社会にある〝小さなポケット〟だ。

最小の成長可能な市場をターゲットにするほうが合理的なのは、小さな社会を変える可能性が最大限に広がるからだ。市場の中心は、起こそうとしている変化によって豊かになり、つながりがもたらされる。そして市場の次の層に自動的に言葉が共有され、それが連鎖していく。

これが〝私と同じステータスの人〟の集まりだ。

ケーススタディ
同調圧力で学校を変えたブルーリボン運動

私の住む小さな町に問題が起こった。

非常にすばらしい学校があるにもかかわらず（小学校はブルーリボン賞を獲得している）、学校の予算を巡る投票で意見が分かれた。

たくさんの人、とくに長く住んでいる人や、2世代、3世代目の家族は、スクール・タックス（アメリカではその地区の住民が学校税を支払う）が上がることに難色を示したのだ。一部の人たちが結託し、記憶にある限り、はじめて学校の予算が通らなかった。

ニューヨーク州では2度目の投票権は学校が取得するが、それでも通らなかった場合、大幅な予算カットを余儀なくされ、重要なプログラムも慎重に検討されることなく打ち切られる。次の投票まであと8日。何がなされたのだろうか。

数人の活動家が新たなアプローチを試みた。予算支持を巡って声を張り上げて口論するのではなく、ビラを配ったり集会を開いたりするのでもなく、町の中心にある中学校の前の大きな木に100本の青いリボンを結んだ。

数日でその話は広まり、選挙の前の週には町中にある何十本という木に青いリボンが結ばれていた。たくさんの家族がリボンを結んだのだ。

メッセージはシンプルだった。

「この町、木に結ばれたブルーリボンがあるこの地区にいる、〝私たちのような人〟が、学校を支えているのです」

そして、予算は2対1で通った。

「私と同じステータスの人」を具体化する

意思決定は、情報がまったくない状態では行われない。人は集団が何をどう認識しているかにもとづいて決断している。

700ドルのベビーカーを買うのは私たちが賢いからで、買わないほうがバカだからだ。あるいは、地元の市場で買い物をする（または、買い物しない）のは、雨が降っているし、ほかの場所ではチートスは売っていないからだ。

これらはすべて、「〝私と同じステータスの人〟はこうするだろうか？」というシンプルな問いのうえに成り立っている。

ものごとを一般化すれば文化ができる。文化は選択をうながし、選ぶことでさらなる一般化が生まれる。マーケターは一般的な人に向けた一般的な商品をつくるのではなく、変化をつくる。変化をつくるために、新しい行動を一般化するものなのだ。

一昔前のマスメディアは、「私たち」を「すべての人」「群衆」「アメリカ人」「世界中の人」と定義づけようとした。だが、それはまったくうまくいかなかった。人種差別主義者や外国人を嫌いな人、周囲と断絶して暮らしている人たちは、喜んで自分と他人とのあいだに境界線を引くからだ。

いまでは多くの人が他人と境界線を引いている。「世界中の人に歌うことを教えたい」がヒットし、世界全体の商業化はほとんどの人が思ったよりも、速く、深く進んだ。すべての人とは、少なくとも「すべての人」だととらえようと思えば、とらえられる。

ところが、いまや大衆文化（ポピュラー・カルチャー）は以前ほど人気《ポピュラー》ではない。大衆文化現象は、基本的にすべての人ではなく、ターゲットを絞り込んだときに起こるものだ。「〝私たち〟とはすべての人である」から、「〝私たち〟とはすべての人ではない」になりつつある。

だが、それで構わない。文化のロングテールとメディアと変化は、もうすべての人を必要としていない。十分な人が集まればそれでいいのだ。

「〝私と同じステータスの人〟はこうする」と言うとき、「私と同じステータスの人」がどんな人なのかが重要だ。「私と同じステータスの人」をさらに具体的に定義し、もっとしっかりとつながりをつくったほうがいい。

マーケターやリーダーや組織のトップが最初にやるべきことは簡単だ。「私と同じステータスの人」を定義することだ。

だが「〝私と同じステータスの人〟はこうした慈善団体に寄付をする」と言ったとき、すべての人に向けては言っていない。すべての人が慈善団体に寄付をするわけではない。では、誰が寄付するのだろうか。

実は「私と同じステータスの人」という答えは正しくない。正しい答えはその逆だ。市場を見つけるだけでなく、その市場を変えるためには、もっと大胆に、もっとはっきりと、もっと積極的にリードする必要がある。顧客の期待を変えること、そして何より、顧客が互いに伝え合い、見せ合うものを変えることだ。

会社に新しいアイデアを提案する会議や、企業にかける営業電話、コーチを務めるサッカーチームの文化を変える方法などにも、同じことがいえる。

「1つの文化」を変える

文化を言い表すときは、「ある文化」や「この文化」と言うべきである。なぜなら、普遍的な文化はないからだ。それと同じく、すべての人を定義づける「私と同じステータスの人」もない。

マーケターの仕事が「1つの文化」を変えることだと気づいたら、少しハードだが、次の2つを始めてみよう。

①変えようとしている文化の世界観をはっきり描き、理解する。
②エネルギーをそのグループに集中させる。ほかはすべて無視して、望む変化に共鳴するストーリーをつくり、それに沿って生きることに焦点を合わせる。

これが変化を起こす方法だ。文化を変えることに十分な注意を払い、勇気を持ってたった1つのグループを選ぼう。

世の中にあるものはなんであれ、昨日の上に今日、今日の上に明日が積み重なった階層構造だ。一気にジャンプはできない。

たとえば、写真がいい例だ。すでにある技法で写真をうまく撮影するスキルがあれば、写真家になるのは簡単だ。既存の技法は真似しやすい。だが、次のフェーズを築く人になるには、ジャンプしなければならない。いまより少し良くて、少し予想外の新しい方法へ。だが、あまりにも遠くまで飛びすぎると、ほかの人がついてこられなくなる。

「エリートグループ」と「排他的グループ」

カナダのジャーナリスト兼作家のマルコム・グラッドウェルは、「エリートグループ」と「排他的グループ」にはちがいがあると指摘している。

この2つは共存できるが、たいてい共存していない。

そして、私たちは重要な何かを構築するとき、「エリートグループ」と「排他的グループ」の2つを混同しやすい。自分の仕事をエリート向けにすべきだと思ってしまう。

「エリート」は、外部から見たモノサシだ。

「ローズ奨学金」はエリート向けの奨学金（オックスフォード大学院生に与えられる世界最古の奨学金制度）だ。与えられる人はわずかで、個人や組織のエリートから敬意を集めている。ローズ奨学金はエリート向けだが、排他的ではない。決して秘密グループというわけではなく、独自の文化を持った人たちがうまくつながっている。

一方、「排他的」は、内部から見たモノサシだ。「私たち」に対して「彼ら」、「部内者」に対して「部外者」ととらえる。

ハーバード・ビジネス・スクールはエリート向けかつ排他的で、海軍特殊部隊もそうだ。だが実際は、ものごとを変えるのは排他的なグループだ。エリートのステータスはコントロールできないし、すぐになくなることもある。排他的なグループは、所属したいメンバーがいる限り存続し、仕事の内容も人がコントロールできるものだ。

排他的組織の中心にあるのは真実だけであり、すべてのメンバーが、「私と同じステータスの人」なのだ。サインをすれば、そのステータスが手に入る。立ち去れば、ステータスを失う。だから、文化を変えるには、「排他的なグループ」をつくることから始めよう。そこならいちばん緊張を提供できるし、もっとも役立つつながりを構築できる。

ケーススタディ

お金とステータスの交換をうながしたロビンフッド財団

2015年、ロビンフッド財団は1億100万ドルを調達した。

それも、たった一晩で。歴史上この種の募金でもっとも成功した活動だった。

この結果を見て、戦略は秘密なのだろうと結論づける人がいるが、そうではない。「〝私たちと同じステータスの人〟はこうする」という同調圧力の結果なのだ。

ロビンフッド財団はニューヨークにある慈善団体で、主に裕福なヘッジファンドやウォール街の投資家によって支えられている。ロビンフッド財団は、イベントの期待感を高めてくれる世代にお金を払い、アーリーアダプターになるすばらしさについての情報を慎重に広めてもらい、ウォール街の競争好きな自負心の強い人たちに取り入った。匿名のギフトもいくつかあったが、集まったお金の大半は、単純な取引、つまり、お金とステータスの交換だ。

イベントによって緊張が生まれた。自分がそこにいて、仲間もそこにいて、配偶者もそこにいる。オークションが開催されている。イベントの趣旨はすばらしい。寄付という簡単な行動で注目と尊敬を集め、ライバルより優位に立つことができる。イベントが自分の世界観に合い、自分には寄付する余裕もあると思う人に緊張が伝わった結果、お金は集まったのだ。

長年に渡ってこのストーリーは標準化されてきた。つまり、エクストリームではなく、ここにいる「私たち」のためでもなく、「私たちは寄付するのがふつう」になったのだ。

だが、プロセスが意図されているものだという事実は、見落とされがちだ。意図せずこうしたことが起こることは滅多にない。

市場は勝者を好む

スタンディング・オベーションを起こすには、何人必要だろうか。

TEDでは3人でできる。

ビルとアルとサニーの3人が立ち上がれば、ほかの何千人も同様に立ち上がる。ブロードウェイのショーでは、どんなに観客の反応が鈍くても、見知らぬ人が15人立ち上がれば十分かもしれない。

一方で、見知らぬ人ばかりの場所では、周りに合わせたいという気持ちは少し異なる。たとえばブロードウェイの劇場で観光客向けの帽子をかぶると、私のような観光客はそれを見て同じ帽子をかぶる。それぞれの場所によって特有の雰囲気がある。

これが正統派のジャズファンになると、この逆が起こる。彼らはジャズファンがスタンディング・オベーションしないことを知っている。クラブでは絶対にしないのだ。こうした場の特有の雰囲気を変えるのはむずかしい。

ここまで説明した考えを実践するのに、役立つたとえがある。

たとえば、あなたの仕事を木だとすれば、木の根は夢と望みの土壌のなかに埋まっている。すべての人の夢と望みではない。あなたが貢献したい人たちの望みと夢だ。

あなたの仕事が単に一般的なプロダクトをつくることと、明確な需要にすぐに応えることだけなら、根は地中深くまで伸びていかない。木が大きく成長することもまずないだろう。大きく育ったとしても、重要だとか、役に立つとか、ほかよりいいと思われないはずだ。周囲には同じような木がそこら中にたくさん生えている。

木が成長すると、コミュニティの目印になる。すると、消費者のなかにいるアーリーアダプターがあなたの木を見つけ、よじ登ったり、日陰で休んだり、やがては、木になった実を食べたりできる。そして彼らがほかの人を引き寄せてくれる。

事前にしっかりと計画を立てていれば、木はすぐにぐんぐん成長して高くなるだろう。なぜなら、太陽を遮るものがないからだ。同じエリアにはほとんど木が生えていない。木が成長するにつれ、ほかの人を引き寄せるだけでなく、その高さ（優位な選択）は別の似たような木が成長しようとムダな努力をするのを遮る。市場は勝者を好むのだ。

どんぐりを手に姿を現し、人が集まるのを期待するのは誤りだ。大切な人のために重要な仕事をするのが、変化を起こすための最短でいちばん直接的な方法だ。

第 9 章

消費者を動かす「緊張」の力

売り込むときの2つのパターン

マーケティングを行うときは、たいてい「パターンマッチ（これまでの思考パターンに合わせる方法）」か「パターンインタラプト（通常の思考パターンを崩すことで、相手側に一瞬考えさせる方法）」かのどちらかを行う。

パターンマッチは、通常のビジネスで行われている。提供するものが、顧客のストーリーや語り方、慣れたペース、コスト、リスクといったものに合う……となると、提供するものを顧客のパターンに加えてもらうのは簡単だ。

たとえば、朝食で小さな子どもにいつもシリアルを与えている家族を考えてみよう。セールになっているものや子どもが喜ぶキャンペーンが行われているもの（子どもがほしいと叫ぶ）なら、どれを買っても構わない。そこにあなたがつくった新しいシリアルが登場し、顧客がそれを買うとしたら、いつものパターンに選択肢が増えただけのパターンマッチだ。

一方、パターンインタラプトでは、何かしらのインパクトが必要になる。緊張を生み、新しいものを検討するエネルギーを向けてもらえるだけのインパクトだ。提供するものは検討に値するのだろうか。実際は、検討に値しないものがほとんどだ。消費者にはすでにパターンが確立されており、考える時間がもったいないし、リスクを冒すのも怖い。

庭師を雇ったことがない人に庭師として雇ってもらうためには、相手の思考パターンを崩す必要がある。慈善団体に100ドルしか寄付しない裕福な人に、5000ドルを寄付してもらいたいときも、相手の思考パターンを崩さなければならない。すでにできあがってしまったパターンを崩して前に進むためには、一旦パターンを崩す必要がある。

人生の節目には新しいパターンが確立される。これから父親になる男性や、婚約中の女性、引っ越したばかりの人に売り込むのが有益なのはそのためだ。確立したパターンがないので、どんなものでもパターンインタラプトになり、検討してもらえる余地がある。

一般的な組織の購買部長であれば、仕事を安定して続ける最善の方法は、刺激はなくてもこれまでのパターンを変えないことだと教えられている。

新しいアプリを売り込む最適な時期は、プラットフォームが新しいときだ。

パターンが確立されていない人に売り込むときは、以前の選択は間違いだと説得しなくて済む。

「緊張」はパターンを変える

パターンインタラプトを使ってプロダクトやサービスを売り込む場合、深く根付いたパターンを相手が喜んで変えたくなるような「緊張」をつくらなければならない。

スラック（Slack）の例で考えてみよう。

スラックは、職場のチーム向けにつくられた急成長中のソフトウェアだ。日々の仕事のやり方がしょっちゅう変わる人はほとんどいない。また、目覚めたときに「よし、新しいソフトウェアの使い方を学んで、数週間かけてわずらわしい操作を覚えて、使い慣れたプラットフォームから新しいプラットフォームに移行する必要があるぞ」と考える人もいない。

それでも、スラックは同じようなソフトのなかでも急成長している。

それは、一部のネオフィリアが熱心に使って気に入ったあと、自分だけで使うことに限界を感じたからだ。同僚もスラックを使っていれば、さらに便利になる。そのため、ほかの人に伝えたいという強力な動機が生まれる。実際、毎日誰かに伝えなければ苦痛を感じるほどだった。

では、スラックを使っていない人にとってのパターンインタラプトはなんだったのだろうか。

緊張はどこにあったのだろうか。

簡単だ。同僚がこう言うのだ。「もったいないことしているよ」

毎日スラックを使わずに仕事をしている間、スラックを使う同僚は影で使わない人の噂をし、その人抜きでプロジェクトをやり、知らない話をしている。

その緊張をゆるめるには、いますぐ、登録すればいいだけ……。

スラックは、新しいソフトウェアが好きな人に新しいソフトウェアを提供するという、パターンマッチから始まった。新しい仕事のやり方を探している人のための、新しい仕事のやり方を提供するソフトだ。

それが一気に飛躍した。

スラックは最初に使っていた人たちに、パターンインタラプトをつくるツールを提供した。同僚から同僚へのパターンインタラプトだ。1人が同僚にこう言う。「この新しいツールを使ってみようよ」。同僚という横に連鎖したその変化が、数十億ドルを売り上げるソフトウェア会社を築いた。

偶然ではない。ソフトウェアそのものに、そうなる仕組みが組み込まれていたのだ。

「緊張」と「恐れ」のちがい

新しいプロジェクトを立ち上げるときは、顧客に貢献している一方で、何かを壊してもいる。代替品が生まれることで、既存の何かが役目を終えた不要なものとなるからだ。

ナイアガラの滝に2つめのホテルが建設されれば、1つめのホテルは唯一のものではなくなる。電話が発明されれば、電報は最速のメッセージ送信法ではなくなる。メンバー限定のパーティを開催すれば、招待されていない人は部外者になる。

エクストリームなもの（いちばん効率的で、もっとも安価で、いちばん便利な何か）をつくれば、これまでファンが探し求めていたエクストリームが、エクストリームではなくなる。新しいネットワークが勢いを増し、強力なアーリーアダプターである利発な子どもたちが引き寄せられたら、古いネットワークを使っていた人たちが選択を迫られる。

これが緊張だ。「取り残されるかもしれない」という緊張。

変化を起こすマーケターは、こうして緊張を生み出しているのだ。

もし、人に強要していたり、洗脳したり、恐れさせたりしていると感じるなら、おそらくやり方を間違えている。消費者を気遣っていれば、相手を恐れさせずに緊張を生み出すことができるからだ。

緊張と恐れは違う。恐れは夢を壊すので、恐れだけでは変化を起こすことはできない。緊張も、ときにはさほど役に立たないことがあるかもしれない。

たとえば、限界を超えようとするたびに直面する緊張。「これを学べば、これからなろうとしている自分を好きになれるだろうか」といった類いの緊張だ。こうした緊張は、役に立つこともあれば、役に立たないこともあるだろう。緊張には恐れが隠れているかもしれないが、乗り越えて新しいほうへ導いてくれる明るい未来も見える。

すばらしい学びは緊張によってもたらされる。プロセスのどこにいるのかよくわからないという緊張、カリキュラムがはっきりわからないという緊張、起きてほしいと思っていることが実現するかわからないという緊張。

そして、また効果的な学びは緊張を生み出す。なぜなら、何かを学ぶ前には、まだそれを知らないことに気づくからだ。

大人であれば、すばらしいジャズコンサートや、野球の試合、スリルのある映画といった緊張を生むものに喜んで参加する。だが、たいてい人は恐れに支配されて生きているので、望む自分になる新しい方法を学ぶ機会があると、ためらってしまう。

前に進んでも構わないと教えられていなければ、恐れで麻痺して動けなくなるが、一旦恐れから抜け出す道が見えたら、緊張は前進するためのツールになる。

優秀なマーケターは緊張を生む勇気を持っており、なかでも積極的に緊張をつくろうとする人たちは、それがうまくいくことを知っている。緊張は、消費者をキャズムの向こう側に押しやることができるのだ。

起こそうとしている変化に気を配っていれば、丁寧に、かつ存分に緊張を生み出せる。

消費者が動くと緊張はゆるむ

閉店セールが得かどうかは、なんともいえない。なにしろ、店が良ければ閉店しないはずだ。

顧客が店のサポートや保証、あるいは返品を望んでいるとしたら、なくなる店から買うのはあまり賢明ではない。

それでも、バーゲンの魅力にはあらがえない。なぜなら、閉店セールという希少性が緊張を生むからだ。「掘り出し物を見逃すかもしれない」という緊張が生まれる。その緊張をゆるめる最善の方法は、店に行って確かめることだ。

もちろん、私たちを行動に駆り立てる緊張は、閉店セールを見逃すといった恐れだけではない。

たとえば、ここに新しいSNSアプリがあるとする。早く使い始めれば、あとで使い始めた人よりも多くの友人とつながれる。これは、「乗り遅れないほうがいい」という緊張だ。

請求書を発行する方法を見てみよう。これまでのシステムになじんでいるのはわかっていても、組織は新しいシステムを使うことに決める。すると、「木曜日までに使いこなさなくてはいけない」という緊張が生まれる。

自分が住む通りで売れ残っていた3つの家は、付近の住民全員が期待していた金額よりも安かった。「いますぐ売らなければ、住宅ローンが返済できなくなる」という緊張が生まれる。

シュプリームがスニーカーを250足限定でつくった。友人に、「一足買うつもりだが、あなたはどうする?」と聞かれたときに緊張が生まれる。

ドラマシリーズの結末がどうなるか知りたければ、日曜日にテレビを見なければいけない。

これも緊張だ。

人は取り残されたり、乗り遅れたり、教えてもらえなかったり、無能だと感じたりしたくない。出世したいし、周りと協調したいし、自分のような人がやっていることをやりたいと思う。

こうした感情が生まれるのは、マーケターが感情を引き起こす何かを持って現れたときだ。マーケターは意図的にこうしたギャップ、つまり、人がつい飛び越えてしまう「緊張」という名の谷を生む。

緊張の谷を飛び越える理由になるのは、ステータスだ。

自分はどこに立っているのだろうか。トライブはどう思っているのだろうか。

誰が上の立場で、誰が下の立場にいるのだろうか。

あなたには2通りの仕事のしかたがある。

1つは変化を起こさない人になる道だ。たとえばタクシーの運転手になってもいいだろう。客に行き先をたずね、メーター計にもとづいて料金を払ってもらう。

もう1つは、変化を起こす人になる道だ。緊張を生み、その緊張をゆるめる人になる。

ラスベガスで変化を起こす人たちが豪華なカジノをつくり始めたとき、多くの観光客に緊張をもたらした。1年前にはリノ（ネバダ州にある小都市。カジノで知られる）やラスベガスのダウンタウンで喜んでいた観光客が、自分は二流市民のように感じ、「私はこの廃れたカジノに行くような人間なのか?」と疑問を抱いた。

手の込んだ豪華なカジノができたことで、これまでお気に入りだったカジノでの経験の価値が下がったのだ。

緊張が生まれたら、それをゆるめる唯一の方法は前進することだ。

自分のストーリーと解決策を持って市場に現れたら、緊張は生まれるだろうか。生まれなければ、現状のものに負ける可能性が高い。


支配的なストーリー、市場を操るリーダー、1日の決まったやり方と手順。これらは理由があって、存在している。それらは、あなたのような反乱軍の努力に抵抗するのが得意だ。

現状を覆すのに必要なのが「真実」だけだとしたら、とっくの昔に変わっていただろう。

人が待ち望んでいるものが、単により良いアイデアや簡単な解決策、効果的な手順だとしたら、1年か10年か100年前の状態から、すでに変わっているはずだ。

自分が正しいからといって、現状は変わらない。現状が変わるのは、文化が変わるからだ。

そして、文化を変える力になるのは、個人のステータスなのである。

第 10 章

消費者の変化をとらえるツール「ステータス」

人はステータスに動かされている

私のペットのバクスターは、社交的で無邪気で表情豊かな雑種犬で、どんな人でも犬でもたいてい仲良くする。

ただし、向かいに引っ越してきたばかりの、堂々としたジャーマン・シェパードのトルーマンは例外だ。トルーマンには愛情深い飼い主がいて、1日に何度も散歩に連れて行ってもらっている。そのトルーマンが、バクスターを怯えさせるのだ。

トルーマンの飼い主を私の家の夕食に招いたとき、トルーマンがいっしょに連れられてきた。すると、バクスターはすっかり怯えてしまい、自分をコントロールできなくなった。

ガラパゴス島のペンギンを考えてみてほしい。彼らは毎日2時間エサの魚を捕り、残りの時間はずっとつつく順番を決めている。ペンギン社会では、一斉毛繕い、ぶつかりあい、ポジショニング争いが行われている。

これは私のペットとペンギンだけに当てはまるわけではない。人間も同じだ。

なぜ、人は特定のレストラン、特定の大学を選ぶのだろうか。あるいは、なぜあの車ではなくこの車を運転するのだろうか。なぜ、家を買うのではなく借りるのだろうか。なぜ、このクラブに所属しているのだろうか。

決断の理由がはじめはわからなくても、よく考えると、ステータスが関係していることがわかる。

私たち人間はどんなときでも、ついステータスを意識してしまう。

ステータスとは階層社会における役割であり、その役割に対する認識でもある。

ステータスは私たちを守り、望むものを手に入れるのに役立つ。

また、変化を起こすのに必要な影響力を与えてくれ、隠れ場所、ギフト、負担にもなる。

認識している選択肢を変えたり、代わりの選択肢を与えたり、将来を蝕《むしば》んだり（あるいは、サポートしたり）するようなストーリーをつくる。

「ステータスを変えたい」や「ステータスを守りたい」という欲求が、ほぼすべての人の行動のもとにあるのだ。

ケーススタディ

新たなステータスを築いたマサイの戦士

ケニアとタンザニアに生息するライオンは、どのように保護されているのだろうか。

保全生物学者のリーラ・ハザーは、環境破壊によりライオンの生存が以前より脅かされていることを知った。彼女はまた、マサイ族の男子の成人になる通過儀礼が、1人でライオンを殺すことだというのも知っていた。勇敢さを示すこの儀礼が、ライオンの生息数減少に多大な影響を及ぼしており、1世代か2世代前には20万頭いたライオンが、推定で3万頭しかいなくなっていた。

世界中でこの儀礼に反対する議論が行われたが、深く根付いたマサイ族の文化的信念どころか、彼らのコミュニティすらも変えるには至らなかった。ステータスの必要性（親としても、青年としても）は、マサイ族全員に深く根付いていたからだ。そこでハザー博士と彼女のチームは、ステータスを必要とする人間の基本的な欲求の上に、新たな文化的信念を築いた。

人が4分の1インチ径のドリルを買うのはドリルがほしいからではない、という話からもわかるように、人の行動と望む感情のむすびつきがはっきりしているとは限らない。ハザー博士がマサイ族の新たな文化的信念を築く目標としたのは、1人ひとりとコミュニティを結びつけ、彼らに可能性を信じて自信を持ってもらうこと。そして、勇気と忍耐を学び、いまとは異なる儀礼を取り入れてもらうことだった。その儀礼は、少年が成人したときにステータスを上げられるような、重要なものでなければならない。

儀礼はライオンを殺すこととは直接関係がない。古くから受け継がれていただけだ。マサイ族とともにその文化的な仕組みを話し合いながら、ハザー博士と彼女のチームは新しい儀礼を紹介し、彼らの文化に影響を与えた。いまではマサイ族の若い青年は、ライオンを殺して勇敢さと忍耐力を証明するのではなく、ライオンを保護することで勇敢さと忍耐力を証明している。

彼らはこう言っている。

「野生動物の保護活動は、これまで人間が何をするのかではなく野生動物の生態調査に焦点を当ててきました。でも〝ライオン・ガーディアンズ〟では、動物を守るために人間は何ができるかに焦点を当てます。この10年近く、私たちは地元のコミュニティと協力し、ライオンを保護してきました。そして、伝統的な知識と文化と自然科学を融合させることで、コミュニティの自然保護活動を改善してきました」

いまでは、マサイ族はライオンを見つけると名前をつけ、無線遠隔測定で頭数を調査している。ライオンを保護することは、かつてライオンを殺していた儀礼と同じぐらい大切な儀礼となった。

ステータスはつねに変化している

一時停止の標識を無視した車が目にとまれば、警官は見て見ぬふりはできない。警官が運転手に車を止めろと言うとき、ステータスが高いのはどちらだろうか。

その運転手が会社に行き、受付で怒鳴りながら命令する。このときステータスが高いのはどちらだろうか。

ステータスの役割はつねに変化するが、ステータスの変化がわかりにくい役所的な組織では、ステータスの役割は衝突する。

学校でのステータスの役割とは、クラスのお調子者、スポーツ万能の生徒、優等生などだ。役割を変えるチャンスがあったとしても、これまでの役割を必死で守ろうとする。

マーケターが消費者に対して新しいアイデアや有利な条件、変化を起こす提案をするとき、必ず消費者のステータスに対して挑戦を投げかけている。それを受け入れるか（消費者が自分に語るストーリーによっては、マーケターとの上下関係が変わる）、断って立ち去るという緊張に耐えるか、その選択肢は消費者側にある。

ただし、誰もが自分のステータスを上げたがっていると思うのは間違いだ。実際は、そう思っている人は少ない。

また、自分のステータスを下げたいと思っている人などいないと思うのも間違いだ。自分の役割における責任を強く認識しているとしたら、これ以上ステータスを上げないようがんばるか、あるいは下げようと考えることもあるだろう。

賢いマーケターはすぐ、ステータスを変えたくて仕方のない人もいれば、何としてでもいまの役割を守り抜こうとする人もいることに気づく。

ステータスに関する6つのこと

❶ステータスはつねに相対的である。
視力や腕力、銀行残高などとはちがい、絶対的な尺度というものはなく、グループ内の「他者との比較」で決まる。たとえば、6は4より大きく、11より小さい。いちばん大きい数字は存在しない。

❷ステータスは見る人により変わる。
あなたのステータスがほかの人から見て低くても、あなたのなかで高くても、どちらも正しい。時間や人が変われば、ステータスは変わることがある。

❸人から関心を向けられたステータスは、重要なものである。
ステータスがいちばん問題になるのは、ステータスを維持、あるいは変えようとしたときだ。多くの人は、人と交流するたびに心のなかにステータスが浮かぶ。だが、ステータスが重要になるのは、関わる人がそれを気にしたときだけだ。

❹ステータスは慣性の法則に従う。
ステータスを変化させようとするよりも、(高い、低いにかかわらず)維持しようとする。

❺ステータスは経験から判断する。
ステータスに対する信念体系は幼いころから築かれる。だがそうした信念体系も、一瞬で周りにいる人たちの影響を受けることがある。

❻不名誉はステータスキラーである。
不名誉がステータスキラーの手段として使われる理由は単純で、うまくいくからだ。誰かに投げつけられた不名誉を受け入れると、それに関連するステータスについての自分の全ストーリーが力を失ってしまう。

ステータスと富は同じではない

ある分野でピューリッツァー賞を受賞したコラムニストは、私よりもはるかに多くのステータスを持っている。有名な病院で働く医者は、開業して裕福な形成外科医より多くのステータスを持っているかもしれない。インドの小さな村に住む無一文のヨガ行者は、町でもっとも裕福な男より多くのステータスを持っているかもしれない。少なくとも、同じヨガ行者のなかでは。

過去数十年で、私たちは名誉のあるステータスに対して鈍感になり、銀行口座の残高やネットのフォロワー数といったステータスを好むようになった。いまでもステータスはさまざまな形で現れている。

人は状況に応じて本能的にステータスを調整している。だから、自分のプロダクトやサービスを市場に持ち込むときは、自身のステータスの役割を何より考えたほうがいい。

マーケターが市場にステータスを持ち込むのは、薄い氷の上を歩くようなものだ。関わる人たちが高いステータスを持って現れるかもしれないし（本人はそう思っていないかもしれない）、あなたと関わることで自分のステータスが高められると信じている、あるいは望んでいるのか

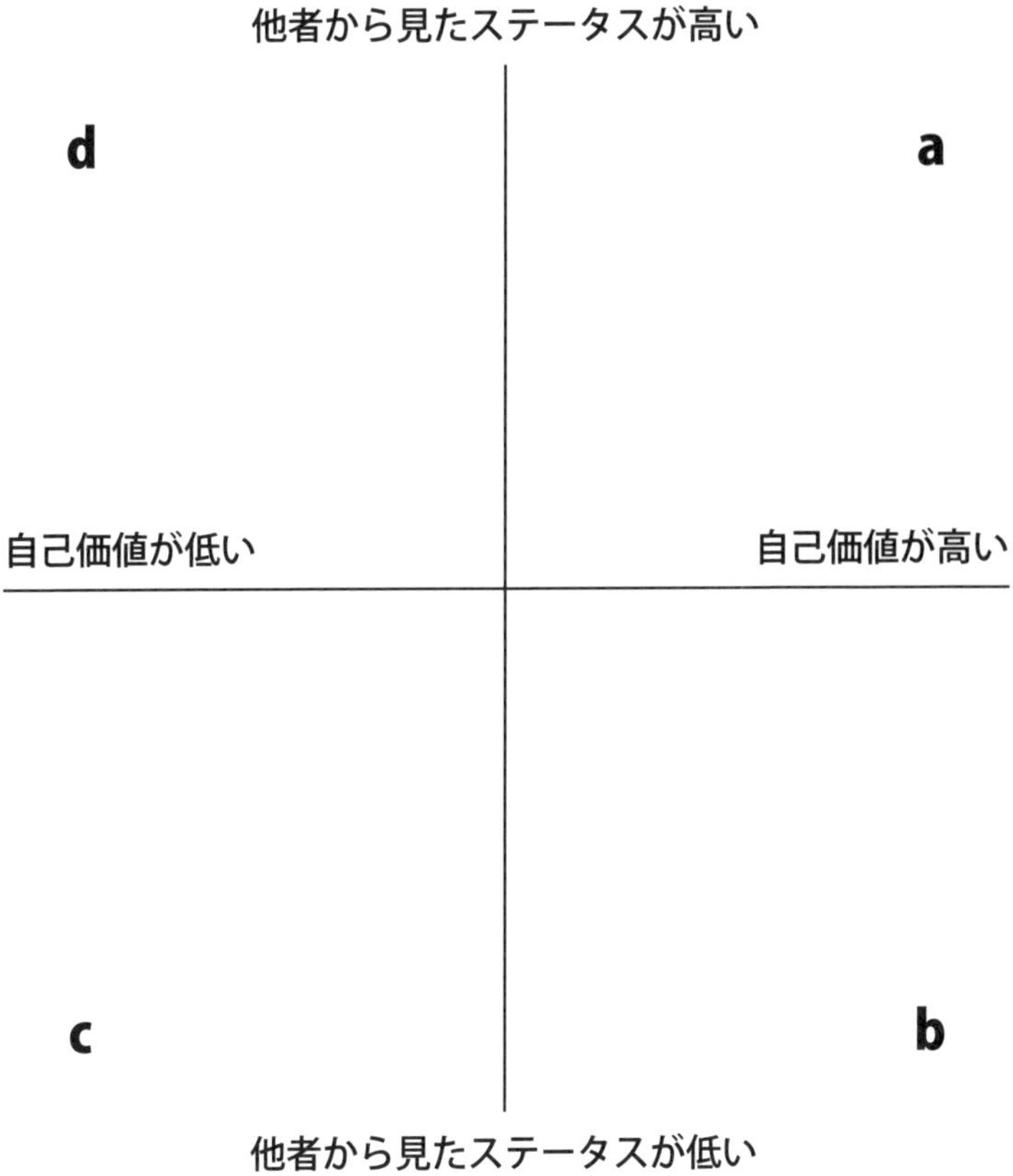
他者から見たステータスが高い
d
a
自己価値が低い
自己価値が高い
c
b
他者から見たステータスが低い

もしれないが、マーケターにはわからない。

だが、市場にステータスを持ち込まないほうがいいのかどうか、実際はよくわからない。というのも、重大な決定はつねにステータスの認識にもとづいて行われているからだ。

ステータスを認識する練習

ステータスとは、それほど単純なものではない。まず、消費者のステータスを、「他人から見たステータス（所属するコミュニティでどう見られているか）」と、「内面のステータス（鏡に映る自らのステータス）」とで考えてみよう。

次に、その人が自分のステータスをどのように維持、または変化させようとしているのかを見てみよう。他人をけなしているだろうか。承認を求めているだろうか。無私無欲で人助けしているだろうか。もっと良い成果を上げようとがんばっているだろうか。どんな勝負をしているだろうか。171ページのXY軸を見てみよう。

右上のエリア（a）にいる人はまれだ。ここにいる人はパワフルに見え、自覚もしている。選ばれるのを待つのではなく、自ら選ぶ人たちのエリアだ。

左上のエリア（d）に入るのは右上の人より一般的な人だ。なぜなら、ステータスの高い人は自分自身をしばしば疑うからだ。だがその疑いが、天性の才能を輝かせることもある。詐欺師症候群（成功を肯定できず、自分の実力によるものではないと考えること）の人はここに入る。

右下の（b）に入るのは、人より優れていると自覚している人たちのエリアだ。芸術的なことや、もっと良くなりたいという意欲を持った人が多い。だが、時間が経つとその意欲は苦痛に変わることもある。

そして最後の（c）に入るのは、自分には価値がないと思っている（世間もそう思っている）人だ。一見悲しい場所のように思えるが、矛盾がない場所でもある。そのため、私たちはこのエリアを階層社会に組み込んでいるのだ。

分析を終える前に、175ページのもう1つの軸を見てみよう。

人との関わりのなかで、私たちはよく相手と比べながら、自分の相対的なステータスを調整する。相手より上げたり、降伏して相手よりステータスを下げたりすることで安全を求めようとする。

自分のステータスを下げると、相手とのあいだにあるスペースが広がるため、脅威が減って安全に感じられる。そこにいれば、眺めの良い場所を探す人やランチを急ぐ人に押しのけられることはない。

人は相対的な自分のステータスを強く意識しており、相手との関係によってステータスを調整する。

相手のステータスを上げたり、下げたりする手助けをすることもあれば、強引にそうすることもある。他人のためにドアを開けることで、相手のステータスを上げることもあれば、他人を中傷して自分のステータスを上げることに時間を費やすこともある。


175ページのグラフのエリア1には、博愛主義者、献身的な教師、正義の味方のような人たちがいる。彼らは自分ではなくステータスの低い人に関心を向け、自分の力を誇示して自らのステータスを上げる。スーパーマンはまさにこの方法で理解されるようになった。スーパーマンは銀行強盗もできただろうが、そうするのではなく人を助けたのだ。

エリア2では、動機はちがっても似たような行動が見られる。ここにいるのは列で人に先を譲るだけでなく、自分が先に行こうとは決してしない人だ。自分よりほかの人のほうが先にいくのに値すると思っている。

エリア3にいるのは、反社会的なキャラクターで、有害で幼稚なナルシストだ。いつも怒っていて、人の期待に応えられないと知っている。そして、周りにいるすべての人をやっつける。

エリア4には、猪突猛進する強引な人がいる。彼らはどんなことでも勝たなければ気が済まない。勝つためなら、自分の価値をつくり上げ、ライバルを平気で中傷する。

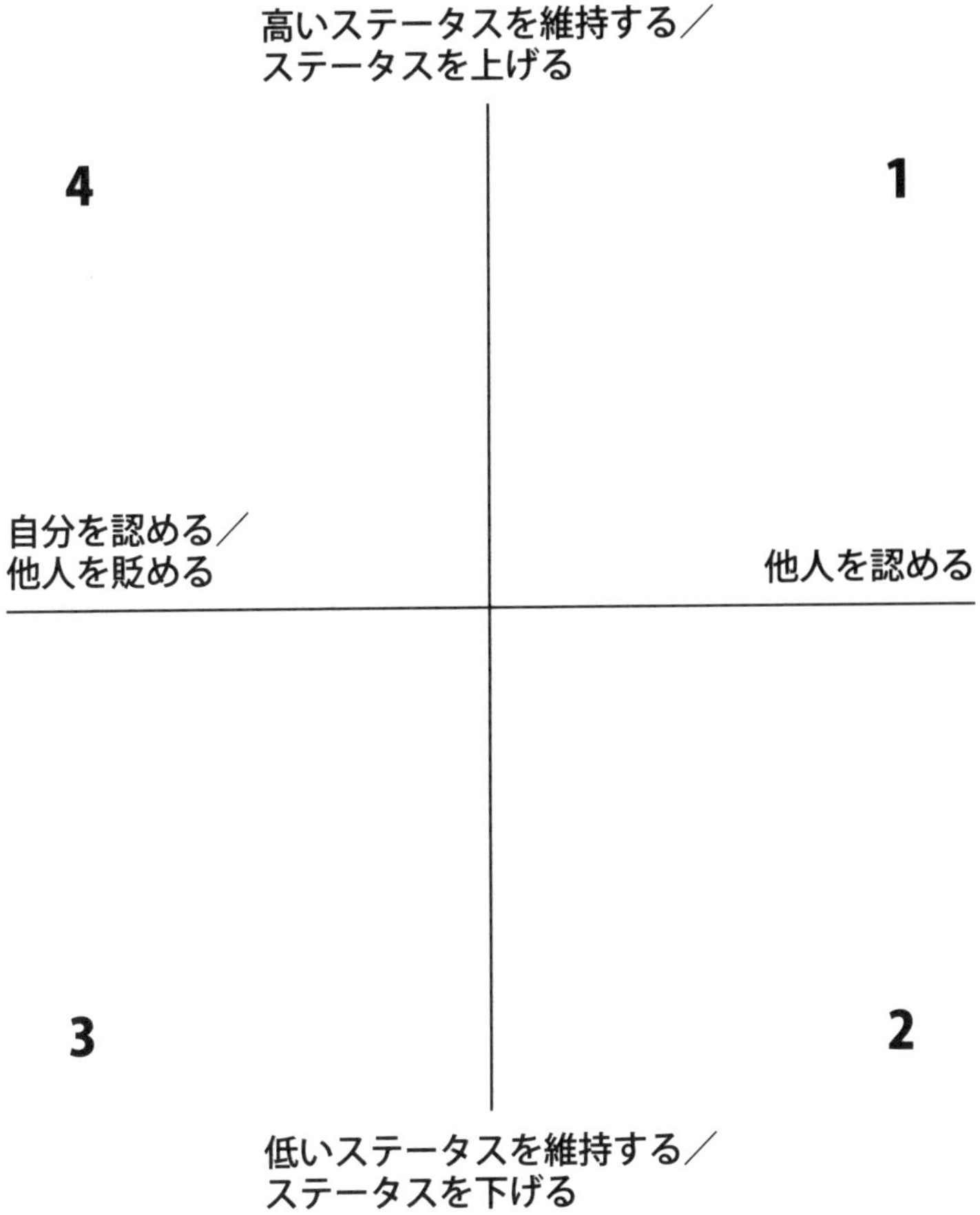
高いステータスを維持する／
ステータスを上げる
4
1
自分を認める／
他人を貶める
他人を認める
3
2
低いステータスを維持する／
ステータスを下げる

ストーリーの土台になる2つのタイプ

人はそれぞれ自分のストーリーを持っている。頭のなかにあるノイズ、自分独自の世界観、自分を定義づけ、選ぶものを決める土台となるヒストリーや信念や認識。

4章でも紹介した「sonder」という言葉は、他人の望みや信念、知識は、自分のものとはちがうこと。そして、どの人も自分と同じように、頭のなかにノイズを持っていることを受け入れる行為のことだ。

しかし、世の中に変化をもたらすには、人が何を信じているのかを仮定する必要がある。人の頭のなかのノイズを聞くことはできない。だが、行動を観察し、推測はできる。

社会には派閥がある。さまざまな場面で、自分に語るストーリーがまったくちがい、行動もまったくちがうタイプがいる。たいてい次の2つのタイプだ。

① 支配タイプ：特定の状況で支配したがる人たち（基本的にこのタイプが多い）
② 従属タイプ：従属を求める人たち

支配タイプと従属タイプでは、ステータスの評価法がまったくちがう。

2つのタイプのちがいを知ることで、世界や政治情勢、顧客がどうものごとを見ているかがわかるようになる。それぞれの世界観にまつわるストーリーや語り手、誇張された表現などをたくさん見ていこう。

支配タイプ

支配タイプの人の発言や、自分や周りの人に投げる質問は次のようなものだ。

- これは私のものであって、あなたのものではない。
- どちらの力が上なのか。
- これは私が自分でやったことだ。
- 私の家族はまだまだもっと多くのものが必要だ。
- 私の側があなたの側を支配している。つまり、こちらのリーダーが勝っている限り、あなたの支配下に置かれることはない。

従属タイプ

従属タイプの人が自分や周りの人に投げる質問は次のようなものだ。

● 誰があなたを知っているのか。
● 誰があなたを信用しているのか。
● あなたはものごとを改善したことがあるのか。
● なんのサークルに所属しているのか。
● グループでの立場はどうか。
● みんなで仲良くやっていけるか。

たとえば、ある12歳の子どもが野球場では勝つことしか頭になかったとする。それも、勝つだけではなく、相手を打ち負かそうとする。審判の判断に不満を持ち、足を踏みならし、勝つためならどんなことでもしようとする。

その子が、クラスでの成績順位はまったく気にしないこともある。それよりも、バスで誰が横に座るのかを気にしたりすることもある。

相手が支配タイプにせよ従属タイプにせよ、商品やサービスを売り込みたいのであれば、彼らの評価方法とその理由を理解する必要がある。

「誰が最初に食べるのか」「誰が王の近くに座るのか」は、いまでもよく使われる質問で、どちらもステータスが関係する。一方は支配、一方は従属だ。

「誰が最初に食べるのか」は、ただ最初に食べる人のことだけではなく、その人と同じグループにいる人のことも意味する。そして、最後に食べる人を見て喜びを得る。

「誰が王の近くに座るのか」は、単に偉い人の近くに座るだけでなく、明日も王（ほかの王族）の寵愛を受けられるのがわかっているということだ。

あなたの顧客はどちらのストーリーに共感するだろうか。

従属タイプの消費者が求めるもの

ステータスを獲得するには、必ずしも油井《ゆせい》や工場を持っていなければならない、というわけではない。誰かを巻き込んで何かをすることでも、十分ステータスを獲得する喜びは得られる。

ここでのステータスとは、コミュニティによってもたらされるもののことだ。自分が行う貢献、思いやり、他者への共感の結果として得られるもの、とくに、自分のしたことに対してお返しができない人たちへの貢献の結果、得られるものだ。

現代社会、都市社会、インターネット社会、芸術、革新は、どれも主に従属によって築かれている。支配ではない。

従属タイプのステータスは、「私は他者より優れている」といった優越感からくるものではなく、「私はほかの人とつながっている。私たちは家族だ」という安心感にもとづくステータスだ。また、産業にもとづく経済組織ではない、「つながり」にもとづいた経済組織では、信用できる家族の一員であることは、お金に換えられないほどの価値がある。

いま流行っているものはなんだろうか。ほかの人は何をしているだろうか。しようとしていることは旬だろうか。

競争の激しい市場では、支配者になるための争いがある。だが、市場の顧客は従属タイプであり、互いに協力しあうことを望んでいる。だから、市場をつくる顧客の間では、リーダーのポジションでいたほうがうまくいく。

リーダーの役割は、「仲良くしてほしい」というシグナルを、グループのみんなに知らせることだ。目標は誰かに勝つことではない。グループの一員になることだ。

アプリを使った配車サービスを行うウーバーは、支配によってブランドを築いた。立ち上げから数年は、地方自治体や競合他社、運転手に対抗する特徴が見られた。これにより、一部の投資家、従業員、ユーザーに受け入れられ、彼らのストーリーや口コミは倍に増えた。ウーバーには勝ち負けのストーリーを好む顧客やビジネスパートナー、従業員がいたのだ。

あなたはどんな会社で働きたいだろうか。1つの世界観しかない人は、別のものを選ぶ人の動機がわからないことがよくある。

マーケターは従属のシグナルを送るという単純なタスクに、膨大な時間とお金を費やしている。展示会のブースはどれほど忙しいか。打ち上げパーティにはほかに誰がいるか。誰が本の推薦文を書いてくれるか。人の話題になるだろうか（「私と同じステータスの人」はこうするからだ）。

従属タイプは支配タイプより希少性に焦点を当てていない。なぜなら、従属タイプはネットワーク効果を期待しているからだ。従属タイプが増えれば、さらに従属タイプが増える。仲間が増えるのは大歓迎だ。

協力関係を求める従属タイプのマーケターは、連鎖反応を期待して、適切な人に適切な信号を送る。これは、投資銀行であれば墓碑の広告の下に、関連がありそうな「適切な」企業の名前を網羅した宣伝を意味する。ＢtoＢであれば顧客を紹介してもらうことであり、地方の職人であれば1カ所にとどまり、そこで良い評判を確立させることになる。

支配は上下の垂直の経験だが、従属は「横に立っているのは誰か」という横の経験だ。

あなたは世の中を「勝者・敗者」、あるいは、「上・下」という観点から見ているだろうか。それとも、内部や外部、調和や何かの活動の一部という観点だろうか。

あなたの世の中の見方は、消費者の世界観ほど重要ではない。

これまで見てきたように、消費者の世界観はこちらが語ろうと決めたストーリーよりつねに強力だ。消費者の頭のなかにあるノイズは、こちらのものとはちがう。

第 11 章

賢いマーケターの
事業計画書・
記号・シンボルの扱い方

事業計画書で大切な5つのポイント

一般的な事業計画書は内容があいまいでつまらなく、単に投資家の期待に応えられる能力があると誇示しているだけのものがほとんどだ。私が自分のビジネスの現状と今後を知りたいのであれば、もっとわかりやすい事業計画書を読みたい。

そこで、事業計画書の新しいフォーマットとして、書くべき内容を5つ挙げた。

①現状
②予測
③代替案
④人
⑤お金

事業計画書のなかの「①現状」の部分では、世の中をありのままに説明する。必要に応じて注釈をつけても構わないが、相手が知りたいのは、あなたが関わる市場、現状で求められるニーズ、競合相手、基本的な技術、過去の成功事例と失敗事例だ。具体的であればあるほどよく、背景知識は多ければ多いほどよい。ストーリーも直感的であればあるほどいいだろう。ポイントは、自分がどのように世の中を見ているかをはっきりとさせること、そして、自分と事業計画書を見る相手の主張が一致するかどうかだ。自分が何を支持するかは問題ではない。ものごとがどうなっているのかを示すだけだ。

「②現状」は伝える必要があるものなら何でもいい。スプレッドシートや市場シェア分析など、プロダクトやサービスで世の中がどのように変わるのか、相手が知る必要のあることなら何を含めても構わない。

「③予測」の部分では、どうやってものごとを変えるのかを説明する。

「Xを行うと、Yが発生します。これだけのお金をかけて、これだけの時間を使って、Zをつくります。Qを市場に提供し、市場はこういう反応をするでしょう」

このように自分のストーリーを語ることで、緊張が生まれる。あなたは特定の市場に貢献し、自分が市場に現れて何かが起こることを期待している。それは何か？

これがこの事業計画の核になる。プロジェクトを立ち上げる理由は、変化を起こすこと、つまり、ものごとを良くすることだ。相手が知りたいのは、あなたが何をしようとしていて、それが市場にどのような影響を与えるのかということだ。

当然ながら「②予測」の部分は正確ではない。うまくいかない予測を立てることもあるだろう。予算や期限や売上の予測を誤ることもある。そこで「③代替案」の部分で、そうなった場合にどうするかを説明する。プロダクトやチームに柔軟性はあるだろうか。「②予測」が正しくなければ、そこで終わりなのだろうか。

「④人」のセクションは、いまチームにいるメンバーとこれから加わるメンバーを適切にアピールしなければならない重要な部分だ。「どんなメンバーか」というのは、経歴を問うものではなく、取り組む姿勢や能力、過去の実績をたずねている。

ここでさらに「④人」の解釈範囲を広げよう。たとえば、あなたが貢献したい人は誰か、熱心な支持者は誰か、その人たちがステータスについて信じていることは何か、世界観はどんなものか、などがある。

最後のセクションは「⑤お金」だ。必要な資金はいくらで、その使い道は何だろうか。キャッシュフロー、損益、貸借対照表、マージン額、出口戦略はどうなっているだろうか。

地方のベンチャーキャピタルは、この形式のビジネスプランを好まないかもしれない。だが、自分のチームがむずかしい問題をより明確に考えるのには必ず役立つ。

本書を開いたとき、おそらくこう思ったのではないだろうか。

「すでにプロダクトはある。それを買ってくれる人がもっと必要なんだ。問題はマーケティングのやり方だ」

だが、ここまで読んできて、それは産業的／強引な考えだと理解しているだろう。社会の目的は資本主義化ではないし、資本主義化によって負債を払うことでもない。資本主義化の目的は、社会を築くことなのだ。

奉仕しよう、変化を起こすために社会と関わろう、という姿勢になれば、変化は起こる。「どうすれば、もっとたくさんの人に話を聞いてもらえるのか」「どうすれば、情報を広められるのか」「どうすれば、もっとフォロワー数が増えるのか」「売上につなげるにはどうすればいいのか」「どうすれば、もっと顧客が見つかるのか」「スタッフの給与を払うにはどうすれば……」。

いまならこうした質問ではなく、こうたずねるだろう。

「どんな変化を起こそうか」

自分がどういう変化を起こしたいのかが決まりさえすれば、あとはぐっとラクになる。

私たちは、目標や理由や存在価値にこだわりすぎることがある。また、すぐに目標をもとに戻したがる。「顧客の望むものをつくるのではなく、売ろうと決めたものをもっと売るのだ」というふうにだ。

私の経験上、ほとんどのマーケターは、実は同じ「目的」を持っている。それは、成功することだ。自分にも顧客にも恩恵がある方法で、尊敬され、注目され、感謝される成功。そして、また1から同じことをやれるだけの利益を上げられる成功。

これが理由だ。だから仕事をする。

優れた事業計画書では、普遍的なニーズに対応し、誰のための、どういう用途のものなのかを具体的に説明する。つくろうとしている緊張、関わろうとしているステータスの役割、変化を起こすために語ろうとしているストーリーの概要を説明する。

ただし、事業計画書をつくることは目的でも、ミッションでもない。何をするべきかを明確にすることだけだ。

事業計画書通りにいかなくても問題ない。目的がないわけではないし、ビジネスをしようと思った理由が絶望的だというわけでもない。ただ、変化を起こすという重要な過程で、１つの道のりがなくなっただけだ。

新しい道はまた見つかる。

成功するための記号の使い方

私たちはシンボルを使って、コミュニケーションしている。「C－A－R」という文字は車のアイコンでも写真でもないが、英語を知っていれば車を思い起こさせるシンボルだ。

ナイキは翼をデザインした自社のロゴマーク「スウッシュ」が、人間の可能性や功績、ステータスとパフォーマンスを表していることを、数十億ドルを費やして何百万人もの人に浸透させた。グラフィックデザイナーなら、「Comic Sans」という書体はセンスの悪い、ステータスの低い、かっこ悪い書体の代表だと知っているだろう。

マーケターは、すべての人が1つのシンボルを同じように認識するわけではないことを受け入れ、適切なシンボルを適切な相手に使う。そして、古いシンボルに代わる新しいシンボルをつくるのだ。

100年前、記号学はまだ始まったばかりだった。いまマーケターは日々オンラインでマーケティングを行うが、当時の記号学はいまのマーケティングのように、毎日10億人がするようなことではなかった。現代では記号を意図的に（または、単純な直感で）使うかどうかで、成功と失敗が分かれる。

忙しい人（つまり、あなたが変化させたい人）は、あなたの仕事に関心がない。最新の情報を持っているわけでもなく、競争や出来事の裏にあるドラマも知らない。

人はそうしたことを深く理解しようとするのではなく、ざっと要点だけを理解しようとする。そのとき、人は自分にこう問いかける。「これで何を思い出すだろうか」

つまり、使うロゴ、語るストーリー、プロダクトの外観、どれもが重要になるということだ。言葉が顧客の共感を呼ぶのは、言葉の意味そのものだけではない。顧客がそれをどう受け止めるか、そして、マーケターが言葉をどういう意図で使うのかによる。

それだけではない。ロゴやストーリーは、どういう場所を顧客に提供できるかを示してもいる。

高校のカフェテリアを思い出させるような場所を提供するとしたら、顧客はどう振る舞えばいいのかわかる。夕食用のチキンの回転テーブルがたくさん並んでいるのであれば、どうすればいいかわかる。ホテルのレセプション用スチール椅子が何列も並んでいるのであれば、ぞろぞろと移動して席につけばいいとわかる。

顧客が知りたいのは、つくったプロダクトやサービスが自分のためのものかどうか、そして、あなたが尊敬に値するかどうかだ。

それをわかりやすくするのが記号、つまり旗《フラグ》とシンボル、手っ取り早さと簡潔さである。

ロックコンサートのアリーナ席でフラッシュライトを振れば、音楽の聞こえ方が変わるかもしれない。なぜなら、フラッシュライトによって、ロックコンサートにいることを思い出させられるからだ。

新聞を手にすれば、タブレットや漫画本や聖書とは感触がちがう。それぞれの媒体によって言葉の響きは変わるだろう。

チョコレートバーは、当然、化学療法薬とはちがう見た目をしている。

外科医のオフィスのような診療所に入ると、外科医に助けられたことを思い出す。その診療所が、カイロプラクティックのものだとしてもだ。

自費出版とおぼしき本を手にしたとき、高校生のときに読んだ有名な重厚な本とはちがう扱い方をする。

電話がかかってきたときに、カチッと音がして少し間があると、これまでの経験からすぐに自動音声か迷惑電話だと察知して、相手が話し始める前に電話を切る。

ウェブサイトが「GeoCities（ジオシティーズ）」と点滅するＧＩＦ画像でつくられていたら……。

いったん顧客が詐欺のような印象を受け取ると、それを拭い去るには長い時間がかかる。似通った大企業のロゴが多いのは、それが理由である。デザイナーが手を抜いているわけではなく、堅実な会社というイメージを与えたいからだ。

シンボルをつくるのは「何かを思い出させる」仕事だ。シンボルをつくることで、顧客に思い出してほしいものを意図的に思い出させることができる。

インターネットには素人がつくったサイトやメールマガジンや映像があちこちに散らばっている。自分が好きなものをつくるのは素人だ。それはそれで構わない。

一方、専門家がつくるのは、ほかの人が好んでくれるサイトだ。自分が魔法を持っているような素敵なデザインで、使い勝手のいいサイトをつくってくれる。

見ただけでプロがつくったとわかるものはないし、正しい答えも１つではない。ある夏の大ヒット映画は4台のカメラで撮影されている。10代のメイクの達人の少女のユーチューブとは明らかにちがう。

たまに素人が、特定のターゲットに向かってストーリーを思い出させ、言葉を巧みに操るのを見かける。だが、たいていはプロが意図的に行うものがベストだ。

小さな市場の「特定のシンボル」を探す

マーケターが何を思い出させようとして、そのシンボルをつくったのかは重要ではない。記号学では、誰がシンボルをつくったかは重視していない。シンボルの意味は、それを見る人の心のなかにあるからだ。

重要なのは、正しい答えは1つではないことだ。あるグループでは成功のシンボルでも、ほかのグループではうまくいかないかもしれない。

シリコンバレーでは、フード付きスウェットシャツを着ているのは、忙しくて服を買いに行く時間がないというステータスのシンボルだった。だが状況が変われば、オーディエンスも変わる。東ロンドンでフード付きスウェットシャツを着ていると、誰かを安心させるのではなく、警戒させる。

高い車ほどオーバーフェンダー（タイヤの回転による泥や水などのはねから、乗員や歩行者を保護する自動車車体の部品）が少し大きくなっている。

オーバーフェンダーは（ロボットを使ってスチールを曲げるので）以前よりつくるのが簡単になったが、重要な役割は変わっていない。それは、車の持ち主と車のステータスを表すことだ。そもそも、オーバーフェンダーに実用性はまったくない。タイヤから15センチ以上離れていてもいいのだ。

アフターマーケット（自動車業界用語の一種で、正規ディーラーではない業者。転じて、純正ではない部品、用品の市場をさす）では、お金を払ってさらに大きなオーバーフェンダーにできる。まるで車を大きくする外科手術をするようなものだ。

やりすぎればたいてい周りから受け入れられず、ステータスは下がってしまう。整形手術と同じだ。

このようにステータスを表すフラグはあちこちで見られる。

こうした機能的な名残りはシンボルになりやすい。一旦シンボルになればよく知られるようになり、（エルメスのハンドバックの些細なディテールのように）すぐに真似され、市場に出回る。その結果、エルメスのハンドバックは希少性がなくなり、市場の好みの変化を示す単なるシグナルと化す。

あなたのシンボルはなんだろうか？　誰かがそれに飛びつく理由はなんだろうか？

ここでもう一度明確にしておきたいのは、最小の成長可能な市場であれば、消費者を自由に選べるということだ。消費者は、ある特定のシンボルを探している。最小の成長可能な市場をうまく選べば、その市場の人たちが探しているシンボルは、大勢の人たちに役立っているものとはかなりちがうはずだ。

逆に考えれば、変化を起こしたいのなら、いちばんに成長可能な最小の市場に乗り出し、革新的なポジションをとる必要がある。ところがたいてい、革新的なプロダクトやサービスをはじめようとすると、一部の人は過去のミスを思い出す。マーケターは、「過去のミスを思い出しても、気にしない人」のために働くことから始めなければならない。なぜなら、新しい商品やサービスで変化を起こすチャンスをくれるのは、その人たちだけだからだ。

まずは、プロダクトやサービスがすでに顧客に信用されているというサインを、シグナルとして送ろう。そして、プロダクトやサービスが新しいものであること、あなたがつくったものであることを知らせるために、大きな変化を起こそう。

車の広告はたいてい似通っている。同じように見せることで、その車は購入を検討する価値があり、大金を払って買っても安全だというシグナルを送るためだ。

『ヴォーグ』誌に載っているファッション広告は、『フィールド&ストリーム』誌や『スポーツ・イラステレイテッド』誌に載っている広告とはまったくちがう。言葉使いがちがうのだ。読者の期待する話し方（話し方とは、書体や写真のスタイル、宣伝文句のことだ）をしなければ、

「あなたは私たちのような人ではない」と読者に伝わってしまう。

優れたデザイナーは顧客とピッタリ合うように考えて、うまい表現をつくってくれる。読み手の共感を損なわない程度の斬新な話し方を提供してくれる、すばらしいデザイナーと出会うチャンスもあるかもしれない。

広告界のレジェンドであるリー・クロウが、アップルのスーパーボウルのコマーシャル、ジョージ・オーウェルのディストピア小説『一九八四年』をイメージした映像を使用してつくった史上最高に印象的なコマーシャルを放映したとき、その意味を完璧に理解した人はいなかった。だが、すぐさま理解した情報通のニュースキャスターたちは、そのエサに飛びついて噂を広めた。コンピューターオタクもそうした。彼らは我先にと初代マッキントッシュを買う列に並んだ。

ここからわかるのは、アップルの広告チームは、１００万人に関心を持ってもらえれば十分だと考えていたということだ。だから、１００万人に向けた広告をつくり、それ以外の人は無視した。１００万人から世界中に知れ渡るまで30年、時価総額数千億ドルの企業になるのに30年かかった。それができたのは、技術ではなく、シンボルの活用法が見事だったからだ。アップルはいたるところでシグナルを発している。それも、ターゲットにした人たちだけが十分理解できる範囲の言葉やフォントやデザインを使って。

ケーススタディ

架空の男性でビジネスを始めたwitchsy.com

すべての記号や象徴が無害だとは限らない。

女性アーティストのペネロペ・ガジンとケイト・ドワイヤーがwitchsy.com（アーティストの作品を売ることができるオンラインマーケットプレイス）をつくったとき、2人はメールの返信をもらうのに大変苦労した。

そこで、3番目のパートナー、キースという架空の男性をつくり、彼のメールアドレスからメールを送ることにした。

すると、キースが出したメールにはすぐに返信がきた。これにより、社会が男性と女性をどのように扱っているのかという実態が明らかになった。販売会社、開発会社、潜在的なパートナーは、キースなら返事をする確率が高く、また、彼の名前を使って語りかけるとより協力的だったと、2人は『ファスト・カンパニー』誌に報告している。

私たちはあらゆることをジャッジしているが、逆に自分も人からジャッジされている。たいてい、こうしたジャッジは偏っていて、不正確で、効率が悪い。だが、ジャッジを拒絶したところで、なくなるものではない。

マーケターはシンボルを使って信用や熱狂を獲得したり、その真逆にいる人たちをうまく動かすシンボルを見つけたりできる。社会を変えるには、変えようとしている社会の実態をよく理解しなければならない。

それは、あきらめることでも、周りに合わせることでも、不当なことに異議を唱えず服従することでもない。自分のストーリーやシンボルに対して、「これは誰のためか?」「これはなんのためか?」と問いかけ、意識してつくる必要があるのだ。

どんな記号のフラグをはためかせるかは、マーケター次第だ。はためかないフラグも、はためくフラグも、どちらも意図的に選べる。

消費者は、あなたが何者であるかを理解しようとする。だから、あなたが何者で、どこに立っているのかがすぐにわかってもらえるようにしなければならない。

フラグ(やバッジ)が必要ないと主張するのも、過去の文化的な情報を受け入れたり、制服すら着たりする必要がないと主張するのも怠慢だ。

自社の商品やサービスはすばらしくて、これより重要なものはないというふりをするのはばかげている。顧客にとって重要なものは、つねにほかにもあるのだ。

顧客との約束にむすびつくブランドとロゴ

あなたのブランドとはなんだろうか?(ヒント:あなたのロゴではない)

混沌とした世の中では選択肢が多すぎて、どれを選んでもほぼ「間に合う」。そんなとき、自社ブランドが確立されていれば、かなり幸せだ。

ブランドは顧客の期待が簡潔に表れている。顧客はあなたが何を約束してくれると思っているのだろうか。顧客は何を期待して、買ったり、会ったり、雇ったりするのだろうか。

顧客に対するその約束が、ブランドだ。

ナイキはホテルを経営していない。だが、経営していれば、おそらくどんなホテルか、想像がつくだろう。それがナイキのブランドだ。

あなたに真のファンがいる場合、顧客に約束をする唯一の理由は、顧客は次回もあなたから価値のあるものを受け取れることを期待していると、シグナルを発しているからだ。期待しているものは具体的な何かではなく、感情的なものだ。

一方、一般的な商品にはブランドがない。トン単位で小麦を買う、ポンド単位でコーヒーを買う、あるいはギガバイト単位で通信容量を増やす場合、仕様以外に期待するものは何もない。昨日手に入れたものを、確実に、より早く、より安く買えれば、お金を払う。

マーケティング上の独自資産を築くには、顧客とのつながりと、ほかのプロダクトやサービスに取って代わられないものに投資する必要がある。顧客に自社プロダクトやサービスを大切に思ってもらえたら、自分のブランドが築けている。

ロゴはあなたのデザイナーが思うほど重要ではないが、役員会のメンバーが思う以上には重

ESKOM
eastwest
EPA
evian
FENDI
GM
GG
GREYHOUND
GIRO
GeorgiaPacific
Handelsbanken
Hanes
Hapag-Lloyd
Health o meter
Hayes
HOMELITE
HOOVER
HARLEY-DAVIDSON
Humana Hospital
Husqvarna
ICRC
intel
IPPRRAA
JCPenney
Jeep
JOCKEY
Knoll
Kappa
Kartell
Kawasaki
Kimberly-Clark
LAGERFELD
Leitner
LASALLE Bank
3M
Aer Lingus
aeromexico
Aerosweet
AGFA
AlliedSignal
aprilia
AMERICAN CONTINENTAL CORPORATION
Amtrak
Agip
altavista:
AmericanAirlines
ARCO
A&S
ARMOR ALL
AT&T Communications
ASKO
auping
AVCORP
azs
AVIACO
asc
Bank of America
BayBanks
BASF
BancOhio National Bank
BANK ONE
Bayer
BDF Beiersdorf
Bogner
bergamin
B&G
Bikuben
British Gas E&P
BOMBARDIER AEROSPACE
BLAUPUNKT
bilde&lyd
BELLSOUTH
BLESS
Bell Atlantic
BRIGGS & STRATTON
canvas
Cassina
cappellini
CBS cable
Cessna
CATERPILLAR
ChicKs on Speed
colette
clearNET
Coloplast
COMME des GARÇONS
CONAIR
COMMUNAUTÉ URBAINE DE MONTRÉAL
Currys
Curtis Mathes
CUSHMAN & WAKEFIELD
Def Jam recordings
DIAMOND
digital
Dole
Dresdner Bank Die Beraterbank
DSB Danske Statsbaner
DUCATI
Eagle
EasTex
EVEREX
ЭРКОНОПРОДУКТ
EMI AMERICA
Energizer

要だ。約束に対する顧客の期待を簡潔に表すのがブランドだとすれば、ロゴはあなたの約束を思い出させる付箋《ふせん》のようなものだ。ブランドがなければ、ロゴには意味がない。

ここで、簡単なエクササイズをしよう。消費者の目線で、よくできていると思うロゴを5つ選んでみてほしい。できただろうか？　私の予想では、5つともあなたが尊敬しているブランドのはずだ。

かぎ十字や人を食い物にする銀行の精密なロゴを選んだ人はいないだろう。ロゴは、ブランドの力をすべて注ぎ込んだブランドの約束で包まれていて、絵の精密さは関係ない。

そう、すばらしいブランドなのに、ロゴがひどいこともある。最高のブランドなのに、わかりやすいロゴや記憶に残りやすいロゴがないこともある。（グーグルやセフォラ［フランスのＬＶＭＨモエ・ヘネシー・ルイ・ヴィトンの傘下で、化粧品や香水を扱う専門店。日本では２００１年に全店閉店で撤退］、コストコなどが浮かぶ）。

雑に、あるいは軽はずみにロゴをつくってはいけない。人の気分を害したり、心を不安にさせたりするようなロゴをつくってもいけない。また、サイズやメディアがちがっても通用するロゴにする必要がある。

大切なのは、ロゴづくりに多額のお金をかけたり、何度も会議をして時間を費やしたりせず、はじめにつけた名前を維持する限り、ずっと使い続けられるロゴを選ぶことだ。

第 12 章

「消費者に合わせた対応」から得られるもの

「新しいもの好き」の人を探す理由

100人のグループで何らかの測定値（身長、体重、IQ値、髪の長さ、50メートル走のタイム、フェイスブックの友人数）を拾い出すと、同じくらいの値の人がかなりいることに気づくだろう。

100人のうち、68人が平均値の付近にいる。27人は平均値からずいぶん離れ、4人は両端にいる。

これはよくあることで、「標準偏差」と呼ばれている。

人間の行動にとくに当てはまることもわかっている。

社会学者だったエヴェリット・ロジャースによれば、流行や技術、革新に関することでいうと、人は自分が持っているものを好んでいるという。また、ほかの人と同じことをやりたがり、目新しいものを進んで探そうとはしていない。

203ページに掲げるグラフで、曲線の左側にいる15〜16人の人たちはネオフィリア、つまり、アーリーアダプターだ。彼らはより良くて、より優れていて、革新的なものを求めている。

曲線の右側にいる同数の人たちは、死ぬまで現状を維持しようとする人たちだ。

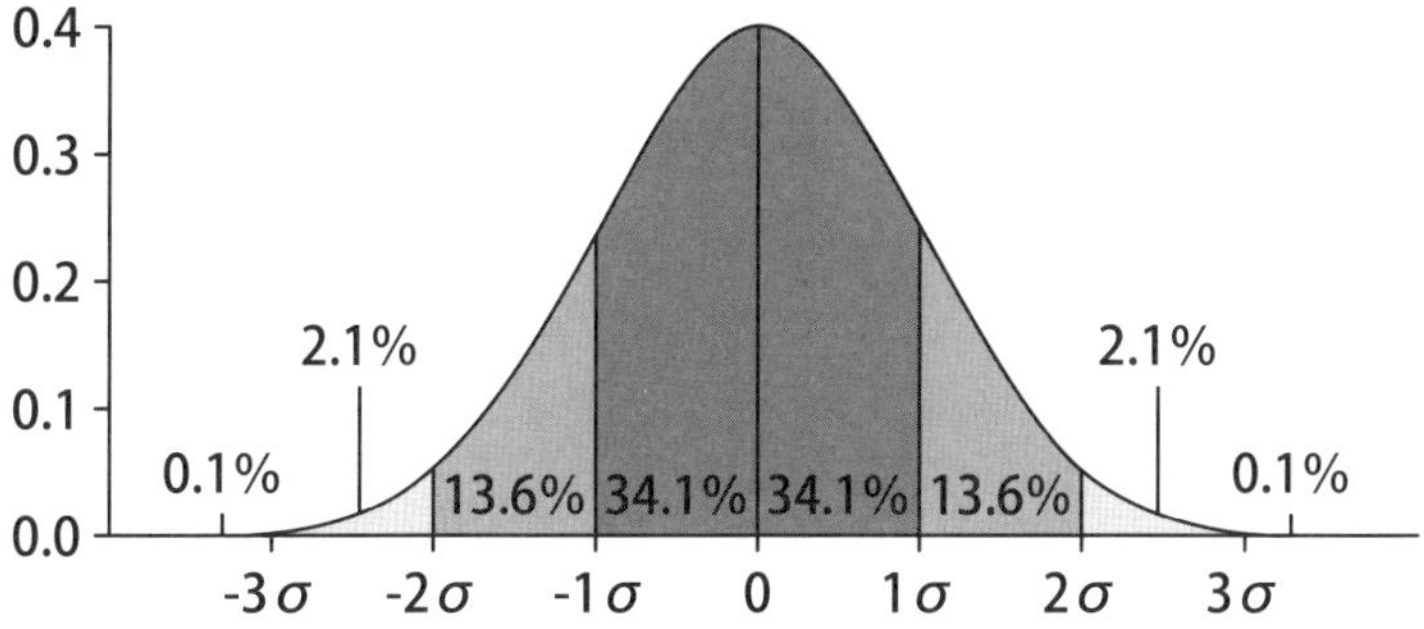

標準偏差：グラフの下にあるセグメントは、平均からどれくらい離れているかという指標。34.1%であれば、1標準偏差以内である。

優れたマーケターは、曲線の右側にいる人には1分たりとも、自分の時間も、相手の時間も費やしてはいけないことを知っている。

あなたには、いま持っているもので満足している人に費やす時間もお金もない。直接手を差し伸べても、逆に不満を抱かせるだけだ。彼らが興味を抱き、変化を受け入れ、顧客になるのであれば別だが。あなたのプロダクトやサービスは、いまのところは彼らのためのものではない。

根気よく上手に取り組めば、いつかは彼らを引き入れることはできるかもしれない。変化はメディアを通して、人から人へ水平に広がる。だが、いますぐ変化は起きない。

いますぐに解決できる問題を抱えているのはネオフィリアだ。新しいものと緊張を求め、より良いものへの果てしない探究心を持っているネオフィリアから関わり始めよう。

熱狂は変化を望む人をつなぐ

強制的な教育というものはない。本人の意志に反して何かを教えることはほぼ不可能だ。あるのは自主的に取り組む教育であり、それが熱狂を生む。

マーケターは誰かに耳を傾けてほしいと頼み込み、「気づきとモチベーションを手に入れることができる」という約束を交わす。

熱狂を起こすには、相手の許可がいる。

熱狂とは、自ら手を挙げ、黒板を見て、ノートをとることだ。マーケターが顧客から学び、顧客があなたから学ぶ旅の第一歩であり、顧客との合意の上に成り立つ相互的なものだ。そして、変化につながりやすい。

怠慢なマーケターは派手な広告で熱狂を起こそうとする。

ところが、優れたマーケターは、自分が提供する変化を望んでいる人を探して熱狂を起こし、変化を望む人たちどうしをつなぐ。

こうして起こった変化こそ、マーケターが求めるものだ。

「人は何を望んでいるのか」。

この問いは、おそらく間違っている。人によって望んでいるものはちがうからだ。

ネオフィリアは誰よりも先に行きたい人たちで、希望と可能性と魔法をほしがっている。新しいプロダクトやサービスが成功するスリルと、失敗するかもしれないというリスク。ほかの人たちに、自分が見つけた真新しいものを見せる喜び。より良い仕事をより早く行う満足感とともに、新しいものに飛びついた行動が報われ、生産力が上がるという期待だ。

それに対し、一企業の歯車として働く典型的なサラリーマンは、上司とのもめごとを避けようとする。もめごとが起きたら、自分は無実だというしっかりとした証拠と責任逃れできる道を探そうとする。

社会改革運動に携わる人は、かすかな希望とものごとを正しくする機会を望んでいる。

支配を好む人は、勝利を望んでいる。相手が負けるのを見ることで気持ちを落ち着かせたいのだろう。

従属を求める人は、周りに同調し、リーダーに選ばれるリスクを冒さずに、「〝私たちと同じステータスの人〟はこうする」という喜びを感じたがっている。

責任を持ちたい人もいるし、他者から認められることを望む人もいる。消費者のなかにも、掘り出し物を望む人や、お金を持っているのを証明したいがために過剰にお金を払いたがる人もいる。まずいないのは、自分を愚かだと感じたがる人だ。

最近では利便性を好む人がどんどん増えてきて、何かに集中したり、自ら判断を下したりする必要性がなくなっている。一方で、何かしらの成果を出さないと無力感を覚える人もいる。

つねに疑問を持ち、つねにテストを行い、つねに相手によって対応を変えることだ。

そうしなければ、相手はそうしてくれるほかの人を探すだけということだ。

重要な顧客を見つけるために

一部の顧客はほかの顧客より価値がある。

地元のレストラン評論家の写真をキッチンの壁に貼っているレストランがある。評論家が来ていると早々にわかれば、より良いものが提供でき、良い評価をしてもらえるからだ。それがうまくいくのなら、努力する価値はあるだろう。

ところが、いまや誰もが批評家のようになっている。店の評価を口コミサイトに投稿したり、ほかの人と共有したり、すべての人が発信力を持っているので、すべての人にこれまで以上に良い対応をしなければならないと考えてしまう。

数字的なことを話しても意味はないが、すべての人により良い対応をしようとすれば、その分対応の質が少し下がることになる。時間や資源に限りがあることを考えれば、これまで以上に対応を良くすることはできない。新常態《ニューノーマル》（かつては異常とされていたような事態がありふれた当然のものとなっていること）に目を向けると、すべての人は何かしらの有利な機会を持っているが、すべての人がそれを活用しているわけではないことがわかる。

誰もがネオフィリアやスニーザー（アイデアを広めてくれる人）、パワーユーザー、重要な顧客になれる。だが全員がその機会を利用しているわけではない。

人の行動を観察すると、多くのことを学べる。

あなたの信念を受け入れてくれる人を見つけたら、自分の信念をふたたび思い返そう。あなたについて誰かに話したくて仕方のない人がいたら、話のネタを提供しよう。包容力のあるリーダーになりたがる人がいれば、助け船を出そう。

必要に応じて対応を変える方法はある。だがその前に、人を観察し、話を聞いて、何を誰に提供するのかを決める必要がある。

プロダクトを売るにはコストがかかるからだ。

会議に着ていくスーツ、店舗、新しいソフトウェアの開発費、在庫の保管場所、広告費や宣伝費など、お金がかかることは山ほどある。

これらはすべて固定費で、顧客全体によってまかなわれる。

計算すれば次のページの図ようになるだろう。点線は、マーケティングに費やしたコストを顧客数で割った顧客1人当たりのコストで、縦棒は各顧客から得た粗利益だ。

このグラフによると、実際にプロジェクトの利益に貢献したのは、たった8人だということがわかる。また、このグラフの理論が当てはまるのは、本の購入者、よくレストランに行く人、政治献金者、慈善家、切手収集家など、一部の顧客がほかの顧客よりも多くのお金を費やしている業界だ。

「これは誰のためか」という問いの答えは、こうであるべきだ。

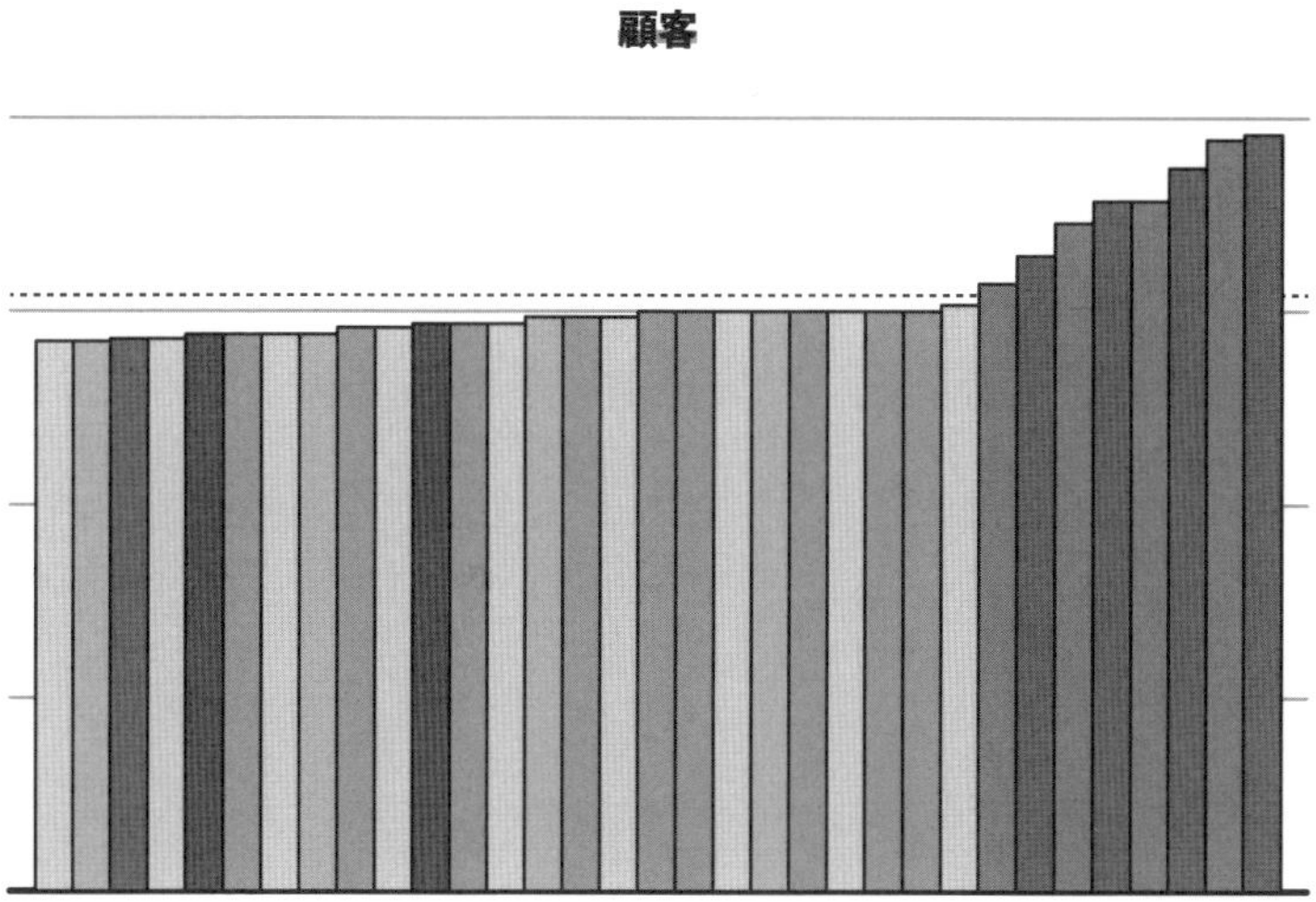
顧客

「私たちが事業を続けられるように、私たちのために動いてくれる顧客のためである」

たくさんの人に尽くしても、利益をもたらしてくれるのはわずかな人でしかない。最高の仕事をするには、少数の人を探し出して喜ばせたほうがいい。その見返りとして得られるのは、自社商品やサービスを買い込んでくれる忠実な顧客だ。

顧客と交流する目的

ここで、カスタマーサービスに連絡をする貴重な顧客について考えてみよう。

そもそもなぜ、カスタマーサービスに連絡をする顧客が貴重なのだろうか。それは、カスタマーサービスでは誰が苦情の手紙を書いたり電話をしたりしてきたか、すべて記録しているため顧客係が把握できるからだ。

たとえば、ある顧客の記録をざっと調べると、その人は長年の顧客で、銀行にたくさんのお金を預け、買ったものを返品せず、期日通りに支払いをし、利益率の高いアイテムを購入していることがわかった。

実際に計算をすると、これまでにその顧客の購買で得られた収益は、ふつうの顧客の8倍だった。その他大勢の顧客とはちがって、利益を生み出す数少ない顧客の1人だ。

これが6人のクライアントしかいないフリーランサーだったら、1人ひとりの顧客の売上がかなりちがっていてもおかしくない。上客から電話をもらえば、すぐさま状況を把握できる。

しかしこの話は、金融機関の顧客だ。

多くの小売店では、顧客が電話をしても仕事に追われて顧客に敬意も払わず、関心も向けない人が対応している。

目的がただのその場しのぎ、相手に電話を切らせること、責任逃れすることなら、そして、「さきほども申し上げたように」「われわれのポリシーでは」というマニュアルを読みあげ続けるなら、やがて顧客は離れていくだろう。

一方、感情を抑えて人間味あふれた対応をすれば、その代償はその顧客1人を喜ばせることであっさりと取り戻せる。車に乗って街に向かい、顧客と会って話をし、その日最後の集荷で商品を送ろう。顧客の驚きと喜びは大いに成功の役に立つ。

企業に勤めているのなら、誤って3倍の金額をもらってしまった顧客に、CEOから電話をかけてもらおう。少し時間はかかるだろうが、それだけの価値はある。

もちろん、すべての顧客にそこまでの対応はできない。だが、顧客の観察と、状況に応じた柔軟な行動が大切だとわかるはずだ。

第 13 章

正しい戦術・戦略・目標で適切な消費者を探す

戦術・戦略・目標のちがい

戦術の具体的な話をする前に、戦術、戦略、目標のちがいについて概要を話しておこう。

戦術はリスト化できるのでわかりやすい。やるか、やらないかのどちらかだ。

戦術とは、戦略を達成するために行う、何十、何百とある手順のことだ。1つの戦術がうまくいかなくても問題ない。ちゃんと代わりになるものがあり、心に描く戦略をサポートできる。戦略の達成に必要ないと判断した戦術は、すぐに変えても構わない。

一方、戦略はもう少し抽象的だ。戦略は戦術によって成り立ち、戦術を覆う傘のようなものだ。戦略とは目標達成のプロセスで長期的に投資を続ける方法であり、戦術をベースに成り立っている。緊張と前進する力を生むためのストーリーやステータス、つながりを活用する方法のことだ。ある戦略は、信用と注目を得ることかもしれないし、自社のプロダクトやサービスが最良か唯一のものと思われることかもしれない。あるいは、提携やパートナーシップによって、こちらのメッセージを適切な人にきっちりと届けることかもしれない。

そして目標とは、戦略がうまくいったときに「こうなるだろう」と予想し、世の中に変化を起こし、光輝くゆるぎない目的地を見つけることだ。お金稼ぎという目的もあるかもしれない。目的地があれば消費者に対して思い通りの変化を起こせるだろう。

ライバルにこちらの戦術を教えたら、真似されて損害を被るだろうが、戦略を教えてもたいした被害はない。なぜなら、ライバルはこちらの戦略を取り入れる勇気も根気もないからだ。そして戦略がうまくいけば、目標達成に近づく。うまくいかなければ戦略を変える必要があるが、しょっちゅうは変えないほうがいいだろう。

コカ・コーラの目標は、昔からシンプルだった。「もっとたくさんの人に、もっとコカ・コーラを飲んでもらおう」だ。彼らの戦略は、膨大な量の広告を流して、コカ・コーラは人を幸せにする文化の1つで、「誰もがコカ・コーラを飲んでいる」と大衆に信じ込ませることだった。広告の内容そのものが戦術だったので、戦術が変わるとともに広告も変わった。

アウトドア用品などを手がけるアメリカのメーカー、パタゴニアの目標は、アウトドア愛好家の少数の人たちに、パタゴニアの衣類を着て環境を気遣っていることを表明してもらうことだ。彼らはこう語る。

「これは静かなスポーツです。モーターもいらなければ、群衆の歓声も起こらない。どのスポーツでも報酬は、苦労して勝った喜びと自然とつながった瞬間なのです」

パタゴニアの戦略は、衣服の質にこだわるだけでなく、環境に配慮するよう少数の人に考え方を再定義させることと、考えを友人に伝えてもらうのに活用できる名前（ラベル）とツールを提供することだ。社内の人にも、社外の人にも。

パタゴニアの戦術は、衣服の新しいリサイクル方法を探すことから、レンガづくりの建物に店舗を構えること、材料や品揃えや価格を決めることなど、いろいろある。1つの戦術がうまくいかなくても戦略は変えないので、30年以上前から同じ戦略だ。

広告は成長のためのエンジン

メディア会社、通信会社、配信サービスの会社は、どれも同じことをしてお金を稼いでいる。彼らはお金を稼ぐために、サービスを提供している人の関心を売っているのだ。雑誌でも、オンラインネットワークでも、お金を払えば広告を出せる。これらはどれも、各業者が保証したすべての人に見てもらって注目を集め、見た人を教育している。

人の関心を得ようとがんばらなくても、お金で買うことができるのだ。

広告で人の関心を買えば、そのメディアの顧客になる。必要であればいつでも、好きなだけ、人の関心を買える。

うまくいく広告手段を見つけたら、すばやく正確に、自由自在に操れるようになるはずだ。

ただし、うまくいく広告手段を見つけるのはむずかしい。

広告を出さないほうがいいという意味ではない。ただ、何を、なんのためにしているのかを明確にする必要がある。

誰にも気づかれない広告はないが、誰かに気づいてもらったとしても、すべての人ではなく、一部の人だ。それでも適切な人に気づいてもらえれば、緊張が生まれる。「知らなかった、もっと知っておかなければ」という緊張、「取り残される」という緊張、「これからもっと良くなる（悪くなる）かもしれない」という緊張だ。

テレビ広告はたいてい、単なる記号的な雑音だ。視聴者に（テレビで見たから）信用できて、あなたも仲間も知っていて、テレビ広告を出す余裕のあるブランドだという安心感を与えている。

こうした広告費は、競争の激しい市場にいる大手企業が払わなければならない税金だ。だが、一般的な人にとっては、現実的なマーケティング手法ではない。

関心を買うコストと価値

現代ではかつてないほど多くの企業がオンライン広告を流している。フェイスブックで「投稿の宣伝」ボタンをクリックしたことがあるなら、お金を払って広告ビジネスに関わったことになる。

情報を広める手法もかつてないほど簡単で安くなっている。リンクドイン（LinkedIn）でお金を払えば、有名人にメールを送る許可が得られるし、あなたが運営する非営利団体の広告を無料のオンライン広告で出すこともできるし、カンファレンスやベイクセールも簡単に宣伝できる。

オンライン広告の主な役割は次の3つだ。

①どの媒体よりも正確に、適切な人にアプローチできる。見た目などのデモグラフィックス（人口統計学的属性）的な特徴ではなく、信念や求めるものなどのサイコグラフィックス（心理学的属性）的な特徴で絞り込める。
②即座にアプローチできる。午前10時に広告を流すと決めたら、10時1分には配信できる。
③あらゆることを数値で評価できる。

オンライン広告はかつてないほど速く、単価も安く、結果も評価しやすくなったが、なぜこの手法をみんな取り入れないのか。なぜ本書は、オンライン広告の話から始めて、オンライン広告の話で締めくくらないのか。

それは、オンラインの広告はかなり無視されている広告でもあるからだ。

10万人相手に広告を出したのに、クリックしてもらえないことは珍しくない。社会になんの影響も与えないまま、キャンペーンが始まって終わるのがほとんどだ。

オンライン広告はがんばってつくるものではない。お金を払って買うものだ。あなたがアプローチしたい人はそれを知っている。彼らは疑い深く、多くの情報に浸かり、疲れている。アプローチしたい人に直接お金を払って広告を見てもらうわけではないのに、注目を集めてプロダクトやサービスにお金を払ってほしいと思っている。だから、無視される。

オンライン広告がうまくいかないというわけではない。少なくともいまの時点では、万人向けのものではないということだ。

「タダで人の関心を買える」「努力しなくても、魔法のようにスポットライトが当たり、一躍有名になれる」などという文句に惑わされないでほしい。たとえ「無料」とうたわれていても、時間と労力は必要だ。

人の関心とコストの方程式がわかりやすい広告を見てみよう。

高級雑誌の広告には80ドルのＣＰＭがかかる。ＣＰＭとは１０００人当たりの広告費「Cost Per Mille」の意味で、約80ドルで１０００人に広告を見てもらえるということだ。１人当たりで言うと、10セント以下だ。

二流のウェブサイトに出す広告なら、80ドルで１００万人に見てもらえるかもしれない。だがもちろん、そうしたサイトを訪れる人はページをざっと見て、すぐに別のページに移動し、広告は無視する。どんな広告だったかは覚えてもいないし、なんの反応もないだろう。

広告にお金をかける人は、つねにこう自問したほうがいい。

「お金を払う価値はあるのか？」

変化を起こそうとする人はたいてい忙しいし、広告は近道のように感じられる。だが、根気と集中力がなければ、その投資はムダになるのだ。

「ダイレクトマーケティング」と「ブランドマーケティング」のちがい

レスター・ワンダーマンは〝ダイレクトマーケティングの父〟と言われていた。

彼は自身のマーケティング手法にダイレクトマーケティングという名前をつけ、アメリカン・エクスプレスやコロンビア・レコード・クラブ、その他何百ものプロジェクトを進めるために活用した。

1995年、私はレスターに、ヨーヨーダインの役員になってほしいと依頼した。ヨーヨーダインはまだインターネットが普及し始めたころに、私が設立したオンライン・ダイレクトマーケティングの会社だ。

レスターははじめに「ブランドマーケティング」と「ダイレクトマーケティング」のちがいを説明したが、彼のアイデアはまさに本書の問題に関連している。グーグルとフェイスブックが台頭してくれたおかげで、ダイレクトマーケティングはこれまでになかったほど活用されている。

ダイレクトマーケティングがブランドマーケティングとちがうのは、広告を出したあとに起こることだ。

ダイレクトマーケティングは「行動重視」で、数値で評価しやすい。

たとえば、フェイスブックで広告を作成し、クリック数をカウントすれば、どれだけ売上につながったのかがわかる。これがダイレクトマーケティングだ。

ダイレクトマーケティングが文化を変える可能性は大いにある（すばらしい二次的効果だ）。自社の広告や送るカタログ、サイトへの訪問がきっかけとなって、それぞれの人が自分に語るストーリーが変化することがあるのだ。

一方、ブランドマーケティングは「文化重視」で、数値評価はできない。

たとえば、高速道路の脇に自分の葬儀場の看板を置いて、次に誰かが亡くなったときに思い出してもらおうとするといったマーケティングだ。

もちろん、ブランドマーケティングが、たくさんの注文につながることも大いにある（これもすばらしい二次的効果だ）。看板を見た人が次の高速の出口でおり、あなたにお金を渡すことだってあるし、あなたのポッドキャストのスポンサーが誰かを紹介してくれることもある。

グーグルとフェイスブックの収益が驚異的に上がった理由はたった1つ。グーグルやフェイスブックで出す広告はもとが取れるからだ。１００ドル払えば、１２５ドル稼げる。広告主はそれを知っているので、さらにお金を費やす。そうやって、広告主はもとが取れなくなるまで広告を出し続ける。

一方、ブランドの広告は、何世代にも渡って文化を形作ってきた。だが、その性質上、成功するダイレクトマーケティングのキャンペーンを構築できない。そのため、評価しやすいダイレクトマーケティングへの移行はストレスになり、失敗する可能性が高い。

これから説明する方法は、シンプルだがむずかしい。

まず、ダイレクトマーケティングの広告にお金をかけるのなら、あらゆることを数値化することだ。注目を集め、クリックしてもらい、その関心を注文につなげるにはどれだけのコストがかかるのか計算する。ダイレクトマーケティングは行動志向のマーケティング法だ。数値化できなければ、ダイレクトマーケティングではない。

そして、ブランドマーケティングを行うには、根気が必要だ。数値による評価はできない。文化が変わるのを待つ。とにかく、根気と忍耐がいる。それができないのであれば、ブランドマーケティングの広告にお金をかけてはいけない。

だが、成功している大企業でさえ、オンラインでの顧客との交流が自分たちのビジネスを根本的に変えていることを見逃している。

世界最大の消費財メーカーであるプロクター・アンド・ギャンブルは、洗剤のタイドや歯磨き粉のクレスおよびそのほかのブランドのテレビ広告に、数十億ドルを費やしている。その広告がオンラインのダイレクトマーケティング広告に変わったら、ビジネスモデルは崩壊する。

小さな企業にとっては、お金がかかるわりに効果が出るのが遅く評価もしづらいブランドマーケティングの広告から、すぐに評価できるダイレクトマーケティングの広告に変えるのはありがたい変化だ。ただし、広告をクリックしない人たちにアプローチしようとすると、直接顧客と交流しているマーケターのようにはうまくいかないだろう。

オンライン・ダイレクトマーケティングの簡単な使い方

オンライン・ダイレクトマーケティングの広告は、クリックしてもらうためにあり、クリックは顧客に売り込みをするか、顧客の許可を得るためにあるものだ。

そして、売り込みは、さらなる売り込みにつなげるか、口コミを広めるためにある。

クリックで顧客から得た許可は、顧客を教育するか、売り込みをするためのものになる。

これがオンライン・ダイレクトマーケティングのステップだ。

どのステップもコストや損害が生じるが（最初のほうはお金だが、そのうちあなたから離れていく人たちが出てくるだろう）、どのステップも利益につながる。

それぞれのステップに付加価値をつけよう。

付加価値をつけることができるようになるまで、オンライン・ダイレクトマーケティングの広告は一切出さないほうがいい。

もちろん、広告を見ても行動しない人がいる。残念だが、文化的なシフトが起こっているか、顧客の意識を高めているととらえよう。だが、それも数値化できなければ、無視しよう。

ブランドマーケティングの簡単な使い方

電話応対の仕方からパッケージデザイン、プロダクトやサービスの波及効果、電話の保留音の選択から経営者としての行動、さらには使う梱包材に至るまで、これらはすべてブランドマーケティングの一種だ。

効果は数値で評価できなければ、目で見ることもできない。

それでも、ブランドマーケティングは大切だ。

あなたがすでにブランドマーケティングにお金を費やしていることは間違いない。ここで次に考えるべきなのは「もう少しお金をかけたらどうなるか」ということだ。意図的にもっとお金を費やしたら、どうなるだろうか。

辛抱強く時間とお金を投資して、自分のブランドのストーリーを世界に紹介するために、何をするだろうか。

おそらく地元紙に全面広告を出すか、インターネットテレビでコマーシャルを流すだろう。こうした手段は長いあいだ行われてきた。わずかな時間で、たくさんのメッセージが伝えられるし、楽しいからだ。上司や予算権限のある人以外の同意を得る必要もない。広告が終われば、新しい日がやってくる。これがお金を使う最良の方法かもしれない。

テニスのトーナメントやポッドキャストのスポンサーになるのも、驚くほど効果をもたらすだろう。あるいは、チームのメンバーと顧客との交流の仕方にたっぷりとお金をかけるべきかもしれないし、研究開発に数百万ドルを費やすべきかもしれないし、学校に戻ってスキルアップするべきかもしれない。

だが、ブランドマーケティングについてもっとも大切なのは、あなたには〝万人向け〟のブランドを築けるような時間もお金もないということだ。絶対にできないので、手をつけてはいけない。

だから、まずはターゲットをかなり具体的に絞ることから始めよう。

先ほど紹介したやり方で、とことんまでやる。すべての関係性におけるあらゆることが、ブランドとして全体に反映される。顧客はいろいろなあなたの姿を見るたびに、全体像を判断するだろう。

「運命の谷《The Dip》」を乗り越える方法

人は自分が読んだものも聞いたことも、見たものも覚えていない。運が良ければ自分がやったことは覚えているが、それもあまり当てにならない。記憶が最適化されるのは進化上の理由からだが、私たちは容赦なくモノを忘れる。もっとも失いやすいのが、突発的なノイズのような記憶だ。

だが、繰り返し言ったことや何度も何度も目にしたこと、繰り返し行ったことは覚えている。

家族アルバムにある写真のイベントは覚えているが、写真のないイベントは覚えていない。覚えているかどうかは、写真を撮る行為とは関係がない。関係があるのは、写真を見るたびに、繰り返し自分にストーリーを語る行為だ。

人は何度も繰り返し起こるイベントやストーリーと「信用」をむすびつける。なじみがあるのは「ふつう」という証であり、ふつうは「信用」できるという証だ。

マーケターはこれを日々忘れている。

なぜなら、マーケターは自分のものに飽きているからだ。自分のストーリーと自分の変化に。以前にも聞いたし、覚えてもいるが、おもしろくない。だから何かを変えようとする。

ゲリラマーケティングの父、ジェイ・レビンソンが言った有名な言葉がある。

「あなたが自分の広告に飽きてうんざりしてきても、変更してはいけない。従業員がうんざりしてきても、変更してはいけない。友だちがうんざりしたとしても、変えてはいけない。変えるのは、会計士がうんざりしたときだ」


これは広告以外にも当てはめることができる。

ストーリーテリングはなんであれ、頻繁に行う必要がある。新しいことを始めたり、メッセージを発信したり、新たな市場を開拓したりしても、すぐに結果がでなければ……本能はそこから逃れてほかのことをやろうとする。

だが繰り返し行っていれば、そこに現実的な深い「運命の谷」――マーケターが飽きるときと、消費者がメッセージを受け取るときのあいだにある時間的な溝――があることがわかる。

たくさんの人が新しいプロジェクトを開始する。数回話をし、TEDでも講演をしたら、すぐに次に取りかかる。新しいフリーランスのビジネスを始めるが、少し顧客ができるとぱっと辞めてしまう。あるいは会社を立ち上げて資金を集めても、あっという間に使い切って、良いことが起こる直前に壁にぶち当たる。

市場は、「繰り返し起こること」と「信用」を結びつけるように鍛えられている。一度でやめてしまったら、信用を得るチャンスは得られないだろう。

検索する価値のあるものをつくる

グーグルのエコシステム（連携やつながりによって成り立つシステムのこと）はある神話にもとづいている。それは、何百万もの企業は検索でヒットされるために見た目を整えて待っていると、必ず探している人に見つけてもらえる、という神話だ。

出会い系サイトもSNSも、同じ文句をうたっている。

たとえば、「タイヤショップ」「レストラン」「フリーランスのコピーエディター」「週末の楽しいデート」などと検索をかける。すると、あなたが見つかる。

だが、一般的な言葉を入力しただけでは、自分のサイトのURLは見つけてもらえない。サイトを見つけてもらうには、あなたとあなたがつくったものを気に入ってもらい、名前で検索してもらうことだ。一般的な代替商品ではなく、あなたを探してもらうのだ。

SEOは一般的な用語でも検索結果の上位にヒットさせる方法だ。一般的な言葉で上位にヒットした鍵屋やホテルや医者は、多大な恩恵を受けるだろう。それ以外の人たちは、コンサルタントにお金を払って、何らかの策を講じなければならないのだが、こうした対策は数字ではじき出されるものではない。

一方、賢明なマーケターは、検索する価値のあるプロダクトやサービスをつくるだろう。一般的な言葉ではなく、構築したものを特定の言葉で検索してもらうために。それができれば、グーグルはあなたの味方になる。実際グーグルは、検索であなたが見つかるのを望んでいるのだ。

だから、名前で検索したくなるプロダクトやサービスをつくることが最初のステップになる。一般的な言葉では上位にヒットしないが、特定の言葉なら必ずヒットするものだ。

そして、2つめのステップは、見つけたいと思われる存在になることだ。

第 14 章

ストーリーをもたらす「価格」の重要性

価格はマーケティングツール

ある段階で、顧客にプロダクトやサービスの価格を伝えなければならない。そのとき、次の2つのことに気をつけなければならない。なぜなら、消費者は価格にもとづいて勝手に何かを想像し、むすびつけ、「こういうものだ」と思い込むからだ。

- マーケティング手法によって価格は変わる。
- 価格によってマーケティング手法は変わる。

まずは、どのポジションに自分を置くのかを明確にすることが重要だ。そして、価格はターゲットに選んだ客層に一致させる必要がある。

あなたはワインリストのなかから、いちばん安いワインを選ぶ人だろうか。それとも、いちばん高いワインを選ぶだろうか。

この問いは、どちらもワインそのもの、味や価値については触れていない。価格だけだ。だが、2つの選択の裏では、無数のストーリーが語られる。そこにいるそれぞれの人が自分や周りの人に語るストーリーだ。

ポルシェ・カイエンには、その価格に見合うほどの実用性はない。自尊心という名の劇場を走る、シルバーか赤の単なるシグナルにすぎない。

もちろん、価格は顧客へのシグナル以上の役割を果たし、プロジェクトを成長させるエンジンになることもある。価格によってプロダクトやサービスが特化していることや顧客ターゲットがわかり、語るストーリーまでもが決まるからだ。また価格は利益を増やし（削ることもある）、その利益は市場を広げるマーケティングを行う資金源になる。

パン屋の例ではどうだろうか。パン1つつくるのに、材料費と諸経費を合わせて1・95ドルのコストがかかる場合、次の3つの設定をするとどうなるか見てみよう。

① 2ドルの価格にすると、パン1つ当たり利益は5セントしかない。

② 2・5ドルの価格にすると、パン1つ当たり利益は55セントになる。利益は2ドルにしたときの11倍で、1000％以上増えている。

③ 3ドルにすると、パン1つ当たり1ドル以上利益が出て、2ドルの20倍以上になる。

同じ利益を出そうとすれば、2ドルで販売するパン屋は、3ドルで販売するパン屋が1つ売るごとに21個を売らなければならない。21倍は、1時間に数人の顧客を相手にするか、ずらりと外にまで並ぶ顧客を相手にするかくらいのちがいがある。

そのとき、「でも、顧客は安いほうを好むんです」と2ドルのパン屋は言うだろう。

たしかに、顧客は安いものを好むかもしれない。

では、その顧客は、ピカピカの清潔な店内、たっぷりと給料を支払われて上機嫌で対応する従業員、窓にかかった新しいプレート、店のロゴが入ったジャージを着ている地方の野球チーム、といったものをどのように感じているだろうか。パンを買うたびに、おしゃれな買い物バッグに入れてくれることや、「ピニュシオン」というクッキーの試食には、何を感じるだろうか。「通りの高級レストランで出されているようなパンを食べている」と友だちに伝えると、どんな気持ちだろうか。

少しずつ価格を改定して顧客に謝るよりは、はじめに一度だけ顧客に謝ったほうがいい。価格は顧客へのメッセージだからだ。

理由があれば価格は変えられる

インターネットもまた、あらゆることと同じく、ものごとを変えることができる。

その1つは、価格を変えることだ。そして、インターネット上でその価格になった理由（ストーリー）を語り、買い手を納得させることができる。

テスラは高級車の買い手にそれを伝え、買い手は安心した。

だが、ウーバーは買い手に理由を伝えず、価格を需要に合わせようとしてブランドの信用を失った。

ほとんどの組織、とくに小規模な組織にとって、価格設定を顧客によって変える仕組みをつくるのはそうむずかしくない。

むずかしいのは、ストーリーテリングなのだ。

自分以外の人が、自分のように値引きをしてもらっていないと知ったら、どう感じるだろうか。自分はそれに値すると思えるだろうか。逆に、ほかの人は値引いてもらっているのに、自分は値引いてもらっていないと知ったらどう感じるだろう。

クラウドファンディングサイトのキックスターターで、数量限定価格が設定されていたらどうだろうか。貴重なものを逃すかもしれないという恐れで、つい支援してしまわないだろうか。

「安売り」とは顧客に変化を約束しないこと

サービスやプロダクトを安く提供する新しい方法を見つけない限り、安売りするのは、変化に対して十分に投資していないことになる。

自分のつくったものがいちばん安いのは、顧客に変化を約束していない。約束しているのは、これまでと変わり映えしないものだが安い、ということだ。

安売り競争に向かってしまうのは、これほど売りやすい方法がほかにないからだ。顧客に対して新しいことを考えたり、深く考えたりしなくていい。社会的変化を起こすこともなければ、感情的変化を起こすこともない。単に安くすればいいだけだ。

安売りはあらゆるアイデアを使い果たしたマーケターの最終手段である。

だが、安易にプロダクトやサービスを無料にするのには問題がある。理由は次の2つだ。

①ビジネスでの取引は、価値のない無料のもの（少なくとも値段のつけようのないもの）を偶然見つけることではない。消費者がお金を払うと決めなければ、希少性も、緊張も、熱狂も生まれない。お金が支払われないということは、当然マーケターはその犠牲になる。

②お金を手に入れなければ、プロダクトやチーム、マーケティングに投資できない。

ただし、ある特定の理由や状況では、無料を検討してもいいだろう。

無料とは単にお金の問題ではないのだ。取引のなかでも、まったくちがうカテゴリーにある。ゼロで割り算をするように、無限の可能性があるのだ。

金銭のやりとりが発生しないアイデアは、お金に縛られたアイデアよりはるかに広がりやすいし、そのスピードも速い。

フェイスブックが毎月3ドルかかったら、ユーザーは100万人もいなかっただろう。

だからといって、何もかもを無料にすると、どう生計を立てればいいのかわからないだろう。

この逆説を抜ける方法は、次の2つを合わせることだ。

① 広まる無料のアイデア

② 広まったアイデアの価値を高めるための、お金をかけた宣伝

シェフがレシピを配ったり、ポッドキャストに出演したり、オンラインセミナーを主催したりして無料でアイデアを配れば、消費者はそれを見て自分でつくったり、誰かに教えたりしやすい。

だが、そのシェフのレストランで、白いテーブルクロスの上のきれいな皿に盛られたパスタが食べたいとなると24ドルかかる。

ラジオでは無料で音楽が聴けるが、コンサートのチケットは84ドルかかる。アーティストはそれで生計を立てられる。

きれいな皿もチケットもアイデアのお土産であり、お土産は高価なものなのだ。

あなたのビジョン、アイデア、デジタル作品、つながりをつくる能力などを無料で共有する

方法はいくらでもあるはずだ。

どんな方法でも、消費者の気づきや許可、信用を得ることができる。それらは、お金をもらう価値があるものを売るのに必要な機会を与えてくれる。

信用・リスク・価格の関係

リスクのある取引を行うときには、当たり前だがまず信用がなければならないと思うだろう。また、顧客にさらにお金を払ってもらうには（これもリスクだ）、さらなる信用が必要だと考える。あるいは、さらに時間と労力を費やすコミットメントが必要かもしれないと思う。

だが実際は、逆の場合が多い。

リスクのある取引をするときは、認知的不協和（矛盾する認知を同時に抱えた状態）やその不快感を解消するために、自身の態度や行動を変えると考えられている。人は相手に多くのお金を払うと、相手を信用しようとする。人は「私は賢い人間なので、老後の資金（あるいは人生そのもの）を投資するより先に、信用できる相手を選ぶ。だから、選んだ相手は信用しなければならない」と考えるのだ。

評価が低い高級レストランやホテルが生き残れるのもそのためだ。

人は多くの投資（お金、評判、努力など）を行うと、自分の決断を正当化するために勝手にストーリーをつくりがちだ。そのストーリーが信用をもたらす。

詐欺師はこのことをよくわかっているが、皮肉なことに、顧客からの信用が必要なマーケターがこのことを理解していないことが多い。

価格を下げたからといって、今以上に信用を得られるわけではないのだ。

変化には寛大で、ビジネスには勇敢であれ

無料の仕事、継続的な割引、長時間の無報酬の残業、こうしたことを行う寛大さは、本当の意味で寛大ではない。安売りはいつまでも続けることはできないし、顧客と約束したこともそのうちできなくなるからだ。

それに対し、勇気や共感、敬意を示すのは、とても思いやりのある行為だ。

顧客が望むのは、十分な注意を払って自分たちを変えること。

だから、顧客に十分な注意を払って、モチベーションを高める緊張を生み、感情労働で可能性の扉を開けてほしい。そのために顧客が高いお金を払うことになっても、顧客にとっては値打ちがある。

ケーススタディ

チップを廃止したUSHG

10年以上に渡って、ニューヨークのレストランのガイドブック『ニューヨーク・ザガット』でもっとも高く評価されているのは、ユニオン・スクエア・カフェだ。

このカフェを運営する企業USHG（ユニオン・スクエア・ホスピタリティ・グループ）は、長年に渡ってニューヨーク周辺に12店舗以上の有名なレストランを建ててきた（その過程でファーストフードチェーン店を運営する10億ドル企業シェイク・シャックを別会社にした）。

2016年、USHGはチップ廃止を決定し、世間を驚かせた。

その代わり、価格を20%引き上げ、増えた収入を、育児休暇や公正な賃金形態、スタッフを専門家として扱うための資金に割り当てた。この変化で、家計を支える人たちの給料が上がる。また接客係は互いのシフトを変えられるし、医者やパイロットや教師の働き方と同じく、チップのための仕事をしなくてよくなる。

もちろん、USHGはすばらしいリーダーシップを発揮したのだが、マーケティングの観点では問題点がある。ある顧客は平均以上のチップを渡すことで特別な客になった気分を味わい、それが自分の価値だと思っていたかもしれないからだ。

観光客はどうだろうか。予約前にネットでほかの店と価格を比べているが、チップが含まれた価格のレストランのほうが、結果的にはずっと安くなることを知らないとしたら？

チップで稼いでいた店員は、賃金が下がることを受け入れてくれるだろうか。どのような変化が、誰のために行われたのか。

ポイントの1つは、USHGの起こした変化はすべての人のためではないということだ。たとえば、多額のチップを払うことで得られるステータスを楽しむ客もいる。彼らはこれ見よがしに高額なチップを払う。裕福な人にとっては羽振りのよさを示せる、お金がかからないスリルなのだ。USHGではもうそのスリルを味わうことはできない。「ごめんなさい、あなた方のための店ではありません」ということだ。

一方、従属のステータスを好む客にとっては、チップが多すぎやしないか、少なすぎやしないかとビクビクするより、心のこもった感謝の言葉のほうがはるかにありがたく感じる。もっとありがたいのは、公平さと尊厳を大切にする価値観を持つ客だ。彼らはもうほかのレストランに行くことはなくなるだろう。従業員が公正に扱われ、尊厳を持って働くレストランか、あるいは、社会的な身分がすべてを決めるレストラン、自分の世界観に見合うレストランがあれば、簡単に常連になる。

USHGは道徳的に正しいメッセージを世間に発して、家族や知り合いを店に連れてきてくれた人に〝ステータスを得る機会〟を与えている。その人たちは自分自身（や周囲の人）に語れるストーリーを、食事をともにする相手に伝える。そのストーリーとは、レストラン選びという小さな選択が、人種、性別、所得格差という大きな問題を確実に変えていけるというものだ。

その物語は万人向けではない。だが、適切な人にとっては、特別な体験に変わる。

あなたは誰のために、なんのために、どのようにステータスを変えたのか。

そしてほかの人に何を伝えられるのかを考えてみてほしい。

第 15 章

取引をうながす
「パーミッション」と「注目」

期待されて、パーソナルで、適切なパーミッション・マーケティング

20年以上前、私は著書『パーミションマーケティング』(翔泳社)で、革命の始まりについて語った。これは人の関心についての本だ。

人の関心は希少だ。マーケターはそれまでずっと人の関心を邪魔して悪用し、ムダにしてきた。

スパム広告は無料だったので、どんどんつくられ、迷惑メールはもちろん、あらゆる種類のスパム広告が人の関心と貴重な時間の邪魔をしようと絶え間なく送られていた。

奪われた時間は取り戻せない。そこで、私はある方法を提案した。もらうのが楽しみになるようなパーソナルなメッセージを、受け取りたい人だけに配信するというものだ。

まさか物議をかもすことはないだろうと思っていたが、ちがった。私はダイレクトマーケティング協会から追放されてしまったのだ。

25年前、私はスパム広告がまったく減らない現状を目の当たりにした。関心や時間は人間がつくり出せないものでとても貴重なので、強引なマーケターが奪うのを止めなければならなかった。

私と私のチームは、この考えをもとにヨーヨーダインという会社をつくった。ヨーヨーダインは一時期、地球上の誰よりも電子メールを送受信し処理していたが、すべての人にきちんと許可をもらっていた。メールの平均開封率は70％を超え、レスポンス率は33％だった。2018年に送信された一般的な商用メールの約1000倍だ。

広告にお金を費やす前に、パーミッション資産、つまり「パーミッション（許可）」を出してくれる顧客を増やすことから始めたほうがいい。パーミッション資産とは、こちらがいなくなれば不自由する人たちと話す権限のことだ。

人々から許可を得て行うパーミッション・マーケティングでは、マーケティングを無視する顧客が新たな力をもつ。したがって、敬意を持って人と接するのが、人々から関心を向けてもらういちばんいい方法になるのだ。

「関心を向ける」これがここでのキーフレーズだ。

パーミッション・マーケティングのマーケターは、人が自分に関心を向けるとき、実際は貴重なものを自分に払ってくれていることを理解している。その人の気が変わっても、払ってくれたものを取り返されることはない。人の関心は重要な価値がある資産となる。ムダにしてはいけないのだ。

「パーミッション」とは、パーミッションを得たという〝思い込み〟や〝法的な〟パーミッションではない。私のメールアドレスをどこかで入手したからといって、誰かにそれを使う許可を与えているわけではない。プライバシーポリシーのなかに私のアドレスが書かれていたとしてもだ。

パーミッションを得ていたら、顧客はこちらが姿を消すと心配になり、どこに行ったのかとたずねる。

パーミッションはデートのようなものだ。時間をかけて少しずつ、誘うチャンスを獲得していく。デートでもいきなり口説いたりしないだろう。それと同じだ。

パーミッション・マーケティングでは、得られる関心は限られているが、話を聞きたい人とつながるのにほとんどお金がかからないのが原動力の1つになる。一対一で、メッセージのやりとりをしても、使用料はほぼ無料だ。

RSS（ブログなどウェブサイトの更新情報を配布するためのデータ形式）やEメールなどの技術を使うと、切手やネットワーク広告を買う心配をしなくて済む。

フェイスブックなどのSNSは、パーミッションを得る近道のように思える。新しい人とつながるのが簡単そうに感じるからだ。だが、SNSを無料で使用するための条件は、利用する側は単なる〝小作人〟なので土地は与えられない、ということだ。つまり、SNSの利用者は世の中の人に連絡をするパーミッションはないが、SNS運営者にはある。利用者に資産はないが、運用者にはあるということだ。

すべての出版社、メディア会社、アイデアの著作者は、パーミッション資産、つまり、仲介者を介さずに人々にコンタクトを取る権限が必要だ。

許可は公式である必要はないが、明確でなければならない。

サブスクリプション型サービスは、明確なパーミッション資産だ。新聞の定期購読者が貴重なのはそのためだ。売店で雑誌を買う人よりも、定期購読者のほうに価値がある。

パーミッションを得るために、売り手は顧客と約束をする。「私たちはXとYとZを実行します。話を聞く時間をください」と言う。それから、何もせず待つ。もっとできると引き受けないこと。商品リストを売ったり貸し出したり、もっと関心を向けてもらおうとしたりしないことだ。

顧客とニュースレターを送る約束をすると、何年間もメッセージを送り続けることができる。RSSを毎日送ると約束すると、相手に3分ごとにメッセージを送ることができる。日替わりで商品をおすすめすると約束できる（インターネット小売り会社のウートがやっているように）。ただし、約束はお互いが変更に同意するまで続く。社長に立候補したからといって、四半期の終わりが近づいているからといって、新しい製品を発売したからといって、顧客に対して約束を破る権利があると思ってはいけない。約束は破ってはいけないのだ。

パーミッション・マーケティングは、一方通行のメディアでやらなくてもいい。

インターネットを使えば相手に合わせた対応ができるが、こちらが得たパーミッションで何を、どういう形式で伝えるのかを決めなければならない。

当然、謙虚さと忍耐力が必要だ。これを正しく行える企業は少なく、近道はない。

あなたから送られてくるはずのメールが来なかったら、何人が理由をたずねてくる（あるいは文句を言う）だろう。これは数値化してみてもいいだろう。

一旦パーミッションを得たら、相手にこちらの考えを伝えられる。熱狂が起こっているからだ。時間をかけて、こちらのストーリーを語ろう。毎日少しずつ、人々と関わりを持つことができる。一方的に伝えるだけではなく、コミュニケーションを取り、必要な情報を伝えよう。

『パーミションマーケティング』が発売されてすぐのころ、ダニー・レヴィーという女性が「デイリー・キャンディ」というニュースレターをメールで配信し始めた。地方のセールスや関係団体やつながりを探す、都会に住む若い女性向けの内容だ。パーミッション資産、つまり許可を得た配信者のリストは非常に価値があったため、彼女は1億ドル以上でそれを売却した。

ポッドキャストを配信する人も、全員パーミッション資産を持っている。それは定期的に最新の番組を聴いてくれる視聴者だ。

成功している政治家もパーミッション資産を持っている。毎回演説を聞き、それを共有し、行動を起こしたがる、活動的な有権者だ。

だからこそ、資産である顧客を守ろう。オフィスのノートパソコンやイスよりも価値がある。

プラットフォームを頼らず自分で許可を得る

たいていの人はSNSというプラットフォームを使っているが、自分で資産を築くわけではない。

いまは、プラットフォームでフォロワーに宣伝できる。だが、時間が経てば、プラットフォームは自ら何かを提供するのではなく、課金させて稼ごうとする。

そしてこちらは「投稿を宣伝する」ボタンを押さなければいけなくなる。あるいは、彼らが株価を上げようとしたときに、どうなるのかと心配しなければいけなくなる。

パーミッションを得ることが仕事上重要なのであれば、SNSに頼らず自分で獲得して、維持したほうがいい。そして、あなたから話を聞くと決めてくれた人とだけ、コミュニケーションをとろう。パーミッション資産を簡単に定義するとすれば、「あなたがいなくなれば、不自由になる人」といったところだ。

そうした人を、SNSというプラットフォームの力を借りるのではなく、自ら集めなければいけない。

2015年、世界最大手の音楽配信サービスのスポティファイは、その地位を守るべく、流行音楽の仕掛け人ツマ・バサを雇い、〝DJが選曲したプレイリスト〟というアップルの新しい構想に対抗した。ツマ・バサのプレイリスト「ラップ・キャヴィア」を開始すると、数カ月のうちに視聴者が300万人を越えた。彼らはスポティファイ（とツマ・バサ）に新しい音楽を共有するパーミッションを与えた人たちだ。

ツマ・バサは3年のあいだに「ラップ・キャヴィア」の視聴者を900万に増やした。音楽業界で重要な資産を築いたのだ。どのラジオ局の資産よりも膨大な人数で、どの音楽雑誌の資産よりも重要なものだ。

ツマ・バサが新しいアーティストのプロファイルをつくると、そのアーティストはスーパースターになる。毎週金曜日の朝、「ラップ・キャヴィア」のプレイリストが更新され、その日の終わりには、ヒット音楽の状況が変わっていた。

スポティファイは視聴者の許可を得ているので、ラジオ局を持つ必要も、雑誌をつくる必要もない。パーミッション、注目、熱狂は取引をうながすのだ。

プロジェクトを変化させる「紫の牛《Purple Cow》」

そもそも、どうやってパーミッションを得ればいいのか。もっと話を聞きたいと思ってくれる人とどうやってつながればいいのか。

ネオフィリアの世界観を持つ人は、新しい声、新しいアイデア、新しい選択肢を探そうとする。市場にたくさんはいないだろうが、ある程度の人数はいるだろう。

重要なのは、ストーリーの質と共感の深さ、そしてどれだけ惜しみなく情報を与えるかだ。そのやり方が正しければ、情報は広まる。

ただし、こちらの言葉を直接広めることはほぼ不可能だ。お金も時間もかかりすぎる。話を聞いてくれる人を見つけて注意を向けてもらい、熱狂を起こす。それも1人ずつ……。気が遠くなりそうな仕事だ。

それよりも、誰かに話す価値があると思えるような、プロダクトやサービスを意図的につくるほうがいい。

私はこれを「紫の牛（注目を集めるもの）」と呼んでいる。

ただし、注目に値するかどうかは、つくり手次第で決まるわけではない。最終的な決定権はそれを使う人、つまり消費者にあるからだ。

使った人がそのプロダクトやサービスについてわざわざ話すのは、注目に値するものだと判断したからだ。

使った人が話をすれば、当然広まる。

彼らの話が広まり、それによってあなたの使命を前進させてくれたら、ほかの人もそこに加わって、そのプロセスは続いていくだろう。

もちろん、言うは易く、行うは難し、だ。だが、そうなるように、あらかじめプロダクトやサービスの奥深くに、意図的に細工を施しておかなければならない。

つまり、優れたマーケターは、顧客が何をどのように語るのか、プロダクトやサービスを使ったあとの顧客の言動も予測して、策を練っているのだ。

顧客にアピールすべきタイミング

せっかちなマーケターは利己的な欲求から、よく禁じ手に頼ろうとする。たとえば、消費者の不安や未熟さを煽ったり、急かしたりといった、強引なやり方だ。もちろん、どれも「紫の牛」ではない。

顧客にプロダクトやサービスの良さをアピールすべきタイミングは、こちらがより良いものをつくり、顧客がそれについて簡単に話せるようになってからだ。顧客がプロダクトやサービスについて人に話すのは、実は、自分自身について語るきっかけなのだ。顧客は「私のセンスのよさを見て」や「すごいアイデアを見つけるのがうまいのよ」と伝えたがっている。

逆にこちらのプロダクトやサービスを非難したり批判したりする、あるいはあなたの度を超したやり方を顧客が他人に話していたら、それはあなたが距離を置くべき相手で、ものごとを悪化させる人だと伝えるために、友人や隣人に対してサインを送っているのだ。こちらがどれだけプロダクトやサービスをつくるためにお金を費やしたのか、なぜ度を超したやり方をしてしまったのか、どれだけ仕事が大切なのかといったことは、顧客にとってはどうでもいいことなのだ。

顧客が情報を広める理由は、あなたの製品やサービスは自分にとって恩恵があり、自分の好みや立場、目新しいものや変化への望みに合っているからだ。

「秘密」や「親切な行為」は広まるきっかけになる

チャック・パラニュークが執筆した『ファイト・クラブ』（早川書房）という小説がある。話の舞台となる謎の秘密組織「ファイト・クラブ」には、次のようなルールがある。

「『ファイト・クラブ』の最初のルールは、誰にも『ファイト・クラブ』の存在を明かさないこと」

ところが、ある登場人物が「ファイト・クラブ」について聞いた途端、そのルールは「ファイト・クラブ」への招待状となった。「ファイト・クラブ」が大きくなるにつれ、人の話題にのぼることも増えていった。125ページで説明したメトカーフの法則と同じだ。

アルコホリック・アノニマス（飲酒問題を解決したいと願う相互援助グループ）は巨大な組織だが、「匿名《アノニマス》」という名前にもかかわらず、完全な匿名のグループではない。ここではメンバーは、アルコール依存症と思われる人に会ったとき、アルコホリック・アノニマスの話をしろと教えられている。なぜなら、それは〝親切な行為〟だからだ。アルコール依存者の恥を葬り、救命ボートを与える行為であり、仲間とのつながりをつくり、自分がしてもらったことを誰かにしてあげるチャンスだ。

現代ではアイデアは人から人へと水平に移動する。組織から顧客に届くように縦に移動するのではない。

何を市場に出すかは、マーケター次第だ。だが起こそうとしている変化が人に話せないようなものだとしたら、起こす価値があり人に話せる別の変化を見つけたほうがいい。

できるだけ最小の重要な人から関わり始め、彼らがほかの人に話せる情報と話したくなる動機を与えよう。

広報活動はむずかしい。同僚や友人に緊張をもたらすのはリスクだらけだし、やらないほうが簡単だ。変化を起こすというむずかしい仕事を、どうやって広めるのかも踏まえ、プロダクトやサービスをつくり込んで行くことから始めよう。こちらにとって重要でも、他人は情報を広めてくれたりしない。情報を広めるのは、その人にとって重要だと思ったときだけだ。こちらがつくったもので自分の目標達成をうながされ、誇りに思えるストーリーを自分自身に語ることができるからなのだ。

第16章

「信用」で
忠実な顧客を集める

行動は「信用」を得る手段

インターネットは協力関係で成り立っている。核となっているのは、仲間同士のつながりでもたらされる魔法だ。

誰かを支配したがる人たちは、これを脅威とみなし、私たちが築きあげた社会を取り巻く信用の声と流れに不信の波を立てた。

そして残念なことに、リーダー的存在ともいえる多くの有名人の不正行為と欲望が、インターネットにより暴かれ、事実はどうあれ、彼らの好感度は低くなってしまった。

その結果、インターネットでたくさんの人とつながれるようになったが、わずかな人しか信用できない状況になった。科学と事実はよく、意図的につくられた誤解や勘違いといっしょに混ざっている。スピリチュアルな組織も、主流のメディアも、政治家も、SNSも、通りを歩いている人でさえも、信用してはいけなくなった。

さらにノイズと偽物、ぼったくりがはびこり、もう何もかも信用できなくなってきている。

不信感がうずまく社会のなかで、おそらくマーケターは次の3つのどれかの状態にいるのではないだろうか。

- 消費者から無視されている。
- 消費者に見つけてもらえず、ひっそりと活動している。
- 消費者に信用されている。

消費者に無視されていたら、あまり多くのことはできない。消費者から信用を得られないどころか、注目も集められないからだ。

消費者に見つけてもらえずひっそりとした活動を強いられているならば、何かをするふりをしながら別のことを行わなければいけない。消費者の関心を少しは引けるかもしれないし、偽の信用も得られるかもしれないが、長続きはしない。

消費者に信用されることは、これまでの投資が報われる唯一の方法だ。しかも、いちばんラクに生きられるすばらしい方法でもある。

信用されるマーケターは熱狂を起こし、顧客との約束を守るので、さらに信用される。すると、人の関心を邪魔せずストーリーを語ることができる。信用が関心を集めるからだ。ストーリーはさらなる熱狂を引き起こし、それがさらに多くの約束につながり、もっと信用されるようになる。ストーリーがうまくつくられ、顧客の共感を呼べば、口コミとなって広がり、社会の中心にある仲間同士の会話につながる。

「疑いにも恩恵はある」というのは誤った通説ではない。世の中に疑わしいことは山ほどあるが、あなたはまだその恩恵を体験していないだろう。それが体験できるのは、こちらが約束した場所に顧客が本当に行ったとき、あるいは、顧客のアイデンティティやステータスがすでに危険にさらされているときだけだ。

そのとき変化が起こる。

読むよりも見る世界、事実よりも噂話にもとづく世の中では、行動がいちばん信用を得られる手段になる。

人は、他人が言ったことは忘れても、他人がしたことはずっと覚えている。

顧客に欠陥品の払い戻しを求められたとき、あなたは何をしただろうか。顧客のデータをなくしたとき、あなたは何をしただろうか。工場が閉鎖され、顧客の仕事がなくなりそうになったとき、あなたは何をしただろうか。

あなたは話をすることと、何を話すかを考えることに多くの時間を費やしているかもしれないが、行動にもっと多くの時間を費やさなければならないのだ。

「話す」というのは、世間への発表に集中することであり、「黙る」というのは、誰も見ていないときに行動に集中することである。

通常マーケターは宣伝記事をつくろうとする。新聞や雑誌の記事、評価記事、特集記事、口コミ記事などだ。広告会社に依頼するのであれば、広告担当者がおり、すばらしい良い広告をつくってくれるだろう。

だが、マーケターがすべきなのは宣伝記事づくりではなく、広報活動だ。広報は適切な方法で、適切な人に、ストーリーを伝える技術だ。広報活動に力を入れれば、宣伝記事に頼らなくていい。宣伝記事はマーケターがアイデアのエンジンを必死で組み立て、ただインクを消費し続けているにすぎない。

有名人を目指すレースはもう始まっている。そしてレースは、インターネット上で許された社会的なつながりやトライブとのつながりによって加速している。有名人には多大な信用と賞賛が与えられるが、いまや有名人は大勢いる。すべての人が有名人になったら、有名人の数は徐々に減っていくだろう。とはいえ、有名人に対する信用と好感度は非常に貴重だ。

社会では、名声が信用を生む。

誰もが1500人に知られているし、3000人に知られている人もいる。

これはおもしろい新たな社会現象だ。あなたが3000人、1万人、5万人に有名人だと思われたら、変化が起こる。なぜなら、その人たちがあなたの話を聞いたことがあるからというだけではなく、その人たちが信用する人もまた、あなたの話を聞いたことがあるからだ。

ビジネスコンサルタントやデザイナーや発明者であれば、3000人に知られていれば十分だ。

目標はＳＮＳを最大限に活用することではない。成長可能な最小の顧客に知られることだ。

忠実な顧客はこうして生まれる

「じょうご」をイメージしてみてほしい。それもたくさん穴が開いていて、あちこちから漏れるじょうごだ。

じょうごの上から「人々の関心」を注ぐ。すると、足からは、「信用してくれるロイヤルカスタマー」がでてくる。

ほとんどの人は、じょうごに開いたたくさんの穴から漏れていく。信用できなくなって立ち去る人もいれば、提供されるものと望むものが合わなくなっていなくなる人、こちらの言動の不一致が原因で離れる人もいる。あるいは、単に合わなくなったとか、ほかのものに気を取られたとか、プライベートが大変でそれどころではなくなったという理由もあるかもしれない。相手の話に「イエス」と言うのは、立ち去るよりもストレスを感じるのだ。

人は赤の他人から友人になり、友人から顧客になり、顧客から忠実な顧客になるように、じょうごのなかを進むにつれて信用度を変える。

収益を上げるために確認すべきこと

❶適切な顧客が集まっているかを確認する。

❷顧客に対してこちらが連れて行くと約束した場所と、顧客が行きたい場所とが一致しているかを確認する。

❸顧客が決めなければならないことを減らして、決断までのステップを減らす。

❹関わる人の夢を支援し、恐れをなくすサポートをする。

❺緊張をつくって、顧客が前進できる力を生み出す。

❻目標を達成できた人にメガホンを渡し、「“あなたと同じステータスの人”はこうします」と、ほかの人に伝えてもらう。

ユーチューブパーソナリティのケイシー・ナイスタットのユーチューブ動画は、どれも1000万回以上再生されている。これは彼がパーミッション資産を持っているおかげだ。15章でも紹介した通り、パーミッション資産とは、彼をフォローし、彼の作品をほかの人にシェアしてくれそうな人のことだ。

彼はTwitch（アマゾンが提供するライブストリーミング配信プラットフォーム）で自身のライブを流すと発表した（この動画は100万回ほど再生されていた）。

ライブへのリンクをクリックすると、1万8000回再生されていた。ということは、動画を見た人のうち、約50人に1人がクリックした計算だ。

彼のライブ動画には、たくさんのコメントが書き込まれていた。

仮に1000件のコメントがついていたとしよう。

ライブを見た人のうち、18人に1人がわざわざコメントしたことになる。

おそらく、コメントした1000人のうち5人ほどはさらに行動を起こし、ケイシーのつくったものならなんにでも申し込むだろう。100万人から1万8000人、1000人、そして5人の忠実な顧客が現れるというわけだ。

この現象は先ほどのじょうごと同じだ。あなたの場合、ケイシーとは数字のケタがちがうはずだが、それは単にケイシーがじょうごを最大限に利用したからではない。彼のじょうごの上には、何もしなくても彼の旅に参加したい人たちがつねにたくさんいるからだ。

一旦人から信用を得ることができれば、すべてがラクになるのだ。

ダイレクトマーケティングの攻略法

特殊なケースを見てみよう。グーグルやフェイスブックでお金を払って広告を出している何百万人がいま求めているやり方だ。

2017年、グーグルとフェイスブックは広告費で1000億ドル以上を稼いだ。世界中のオンライン広告に費やされた金額の約半分だ。彼らの広告はすべて数値で評価でき、まるでじょうごのようだ。

たとえば、100万人にアピールするために、1000ドルを費やし、20件クリックがある。1クリックに50ドルのコストがかかったことになる。

クリックしてサイトに来てもらい、その20人のうち10人に1人、つまり2人が注文する。ということは、1つの注文に500ドルのコストがかかった計算だ。

運が良ければ、このやり方で顧客生涯価値（顧客が生涯を通じて企業にもたらす利益）は500ドル以上になる。そうなれば、さらに顧客を得るために同じ額を広告に投じられる。そしてそれを何度も、何度も、もとが取れるまで繰り返す。魔法のようだ！

しかし実際は、利益のほとんどは広告費に消えている。だからグーグルとフェイスブックは大成功したのだ。2社とも広告の利益で儲けている。グーグルは何もせず、一度の取引で100ドルの利益を上げているかもしれない。広告主であるこちらが何もかもやって、たった10ドルしか稼いでいないというのに。

だが、それでも構わないと思えるのは、次の取引でまだ利益が出るからだ。

これはダイレクトマーケターの夢だ。広告で確実にもとが取れ、さらに広告を出す。何がうまくいっているのかを数値で評価し、それを繰り返し行い、成長する。

注目すべき点は、この計算を丁寧に行う組織はほとんどないことだ。最終的にうまくいってくれと願いながら、ただお金を費やしている。

注意深く見てみれば、じょうごの上から入れる「関心」を得ることにコストがかかっているのがわかってくる。それがわかれば、広告の質を上げるだけではなく、顧客を効率的に集める方法を改善できるだろう。

とにかく、はじめのクリックのコストを下げるべきだが、広告でバカな約束をしてしまうと、あとで大変なことになる。約束に引き寄せられた人たちは、じょうごに入ったあとにこちらを信用しなくなり、緊張が消え、収益は一気に減ってしまう。

それより、どのステップを変えるか、何をなくすべきかを考えたほうがいい。顧客にプロダクトやサービスにお金を払ってくれと頼む前に、顧客があなたのアイデアやコミュニティに参加したら、何が起こるのかを考えよう。そして、顧客の生涯価値が上がるものに投資し、自分がつくったプロダクトやサービスのために新たな顧客を探すのではなく、顧客のために新たなプロダクトやサービスを構築しよう。

結果を数値で評価する

私がマーケティング業界に入ったとき、結果を数値で評価しているのは全広告主の5％未満くらいだった。テレビやラジオや出版物の広告では、評価するのはかなりむずかしい。だが、いまでは数値で明確に評価できるので、60％近くまで上がっているはずだ。まだできていないのは、評価した数値の意味を、じっくりと分析することだ。

結果を数値で評価する方法は、順を追って考えればわかるようになるだろう。

いちばん重要なのは、顧客の「生涯価値」を割り出すことだ。シンプルな例で考えてみよう。スーパーマーケットにとって、忠実な新しい顧客の価値はなんだろうか。

1回の来店の利益を計算するのであれば、1～2ドルだろう。スーパーマーケットの取るマージンはかなり低い。

だが、その人が常連になり、近所に住んでいる5年の間（郊外では5年同じところに住むのは珍しくない)、週に2回来店し、毎回100ドルほど食料品を買うと、トータルの売上高は5万ドル以上になる。2%のマージンを取ったとしても、利益は1000ドルだ。

そして、一旦常連客になった人たちは、他店との差別化ができているこちらのスーパーマーケットを友人や近所の人たちに伝え、その人たちも常連になってくれたら、その顧客の価値はもっと上がる。なぜなら、その顧客はあなたの店を成長させるエンジンになるからだ。(店は新しい住民を呼ぶイベントのスポンサーにぜひともなるべきだ)。

また、その顧客が熟していないメロンを4ドルで買って怒ったとしたら、すぐに謝罪して返金に応じたほうがいいということにもなる。たった4ドルのために顧客ともめて、1000ドルの利益を失うのはもったいない。

技術とサービスがあれば、さらに利益を上げられる。たとえばスラックであれば、初期の顧客の生涯価値は5万ドル以上あったのではないだろうか。初期の顧客が継続的に払う金額だけでなく、その同僚やつながりの末端の人たちまでが払う分と、競合他社を閉め出すことによる成長の価値、勝者とみなされたあとの企業価値を計算に入れると、5万ドルは妥当な数字だ。最初の1000人が適切な人であれば、実質的に値段のつけようもないほど貴重になる。

では、顧客の生涯価値だとわかったところで、「じょうご」は何に当たるだろう。コストのようなものだろうか。

かかるコストがいちばんわかりやすいのは切手だ。

昔なら、顧客を1人獲得するのに何通送る必要があるかだけわかっていればよかった。

1つの注文を獲得するのに、1通あたり50セントの切手代がかかるDMを、1000通送らなければいけないとしたら、注文には500ドルのコストがかかったことになる。

顧客の生涯価値が700ドルだとしたら、どんどん切手を買ったほうがいい！

だが、顧客の生涯価値が400ドルしかなかったら、ビジネスは成り立たない。売上につながるもっといいDMをつくるか、もっといいビジネスをしたほうがいい。

アウトドアブランドのエルエルビーン、カジュアルウェアの通販会社ランズエンド、ファッションブランドのヴィクトリアズ・シークレットの名前がこんなにも知られているのは、彼らはこの単純な方法を行ったからだ。つまり、たくさんの切手を買ったのだ。

インターネットならもっと速く、もっと強力に、もっと細かくできる。

グーグルやフェイスブックで「クリック広告」を買うのだ。

その広告をクリックすると、別のサイトに行く。そこでまたクリックをすると、別の箇所に飛ぶ。

あるいはメールを送らされたり、試用版をダウンロードさせられたりする。

そこからまた次のステップに進み、お金を払って顧客になるまでこのプロセスが続く。

最初のクリックから最後のクリックまで、クリックするたびにこちらのじょうごの価格が高くなる。だがクリックを省きすぎると、あまりにも簡単すぎて、買いたいと思わせるような信用を得られなくなる。

プロダクトやサービスが顧客の生活を良くするのであれば、顧客はクリック数が多くても気にしない。

だが、収益が計算できなければ、広告を買ってはいけない。

収益計算できても広告費が高すぎるときは、広告を買う前に「じょうご」を直そう。

自動で稼いでくれそうな奇跡のじょうごを、あなたに喜んで売りつけたがる人はたくさんいるだろう。しかし、そんな「魔法のじょうご」は滅多にない。新規顧客の生涯価値が、新規顧客の獲得にかかる広告コストを大きく上回ることはないからだ。

消費者があまりにも多くの広告と、そこに書かれた広告主の約束を見慣れすぎているので、消費者が関心を持つような効果的な広告をつくるには、多額のコストがかかるようになってきた。

主要なブランドや繁栄している組織は、一見広告の力で名前は売れたように思うが、実は優れたマーケティングによって築かれている。顧客が友人に広めることで成長したのだ。また、彼らは積極的に活動し、応援するコミュニティにこれまでにない大きな価値を提供している。

さらに、彼らが起こす社会の変化の周りにはトライブがいることも大きい。「じょうご」を改善するのは効果があるが、永遠に利益を生み続ける装置をつくろうとすると、ほぼ失敗に終わる。早くやろうと無理をすると、長続きしないからだ。

あなたがすべきことは、ネオフィリア、つまりあなたを探している人に向けた広告をつくり、誘い込むことだ。そして、プロダクトやサービスを試してもらい、口コミで広めてもらうため、仲間をつくってネットワークを広げてもらい利益を上げるために、しょっちゅうコミュニケーションをとって信用を得る。新たな人がネットワークに入り、仲間と同じようにふるまうには、熱狂が必要になる。

顧客を誘い込むための、はじめのクリック以降の手順を省くのは簡単だ。だが、いちばんお金がかかる部分でもある。誘い込みをしなければ、おそらく満足する結果は得られないだろう。

ロングテールに存在する意味

起業家でTEDの代表者兼キュレーターのクリス・アンダーソンは、ロングテールについて画期的な研究を行った。グラフを使用すればその内容を理解しやすいだろう。

273ページのグラフの左側が〝ショートヘッド〟と呼ばれるヒット曲だ。それほど数は多くないが、それぞれの売上高は大きい。実際、1位のタイトルは10位のタイトルの10倍、100位のタイトルの100倍売れている。

右側はヒット曲以外の曲、いわゆるロングテールで一部の視聴者が好む曲だ。ロングテールの曲単体ではたいした収益ではないが、まとめるとショートヘッドと同じくらいになる。

ストリーミング配信サイトで視聴されている音楽の半分は、実店舗では販売されていない。半分というのは、音楽タイトルの半分ではなく、音楽総量の半分だ。

アマゾンの売上の半分は、上位5000冊に入っていない本だ。それが半分の売上を占めている！

アマゾンの戦略が成功するのは、入手可能なすべての書籍を販売しているからだ。だが、著者たちは苦い思いをしている。1日に1冊、2冊売れただけでは、生計を立てられない。

ミュージシャンなら、12曲か24曲のロングテールに頼っていては、生活していけない。公開市場でコンテンツを発表する人のほとんどが、このロングテールの状況にいるのだ。

275ページのグラフも似たようなものだが、こちらはウェブサイトのトラフィック（一定時間内のインターネット通信量）を示すものだ。

あなたのサイトのトラフィックが円のなかか、円の右側にある場合、社会に影響を与えることはできず、広告費も稼げない。グーグルは広告主のすべてのサイトから収益を上げているが、広告主の大半は利益が上がらず、息絶え絶えの状態だ。

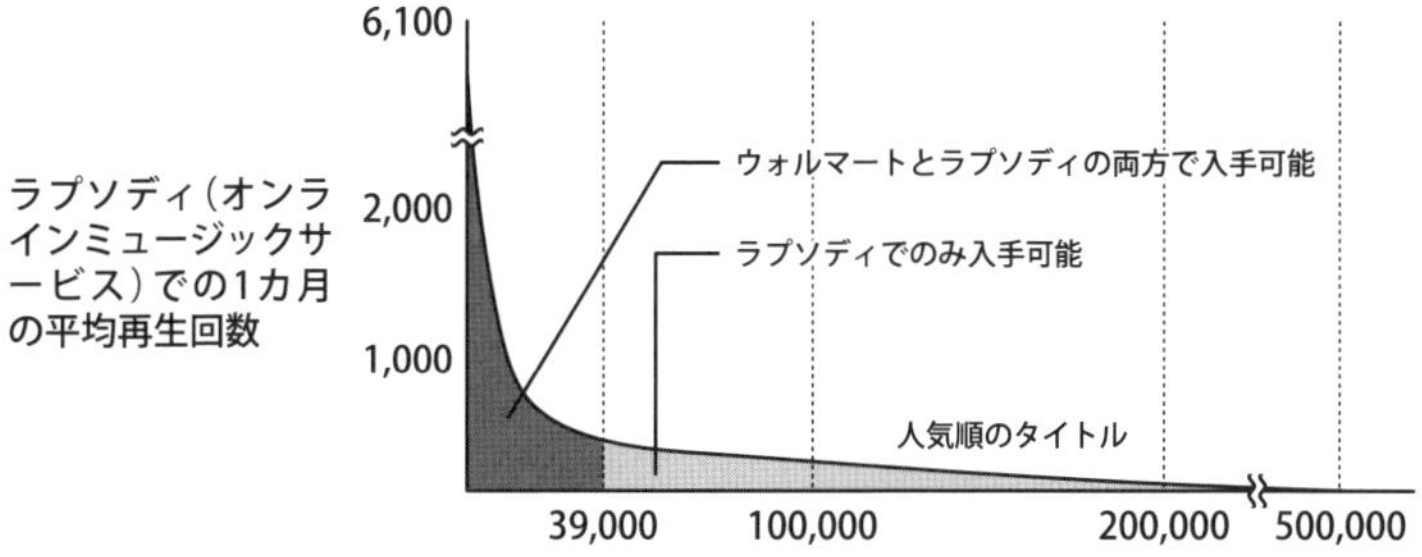
6,100
2,000
1,000
ラプソディ（オンラインミュージックサービス）での1カ月の平均再生回数
ウォルマートとラプソディの両方で入手可能
ラプソディでのみ入手可能
人気順のタイトル
39,000
100,000
200,000
500,000

出典：クリス・アンダーソン

ロングテールのわかりやすい実例を紹介しよう。

先日私はアマゾンで、あるTシャツを見つけた。そのシャツにはこう書かれていた。「今日はイースター、今日は過越祭、今日はエイプリルフール、そして私の誕生日」

このTシャツを着るのは、365人に1人だけだ。明らかにこれは用途が限られたアイテムで、製作者の努力は報われないだろう。実際に着るのは、おそらく1000人に1人くらいではないだろうか。

さらに検索すると、277ページのTシャツも見つけた。

なるほど、これもロングテールビジネスだ。アマゾンでは数社が何万種類ものTシャツを受注生産でつくっているが、これができるのは、アマゾンの無制限のスペースとその他大勢のロングテールのおかげだ。あまり売れていないかもしれないが、何万種類をまとめると、月に数千枚の(特殊な)シャツが売れていると考えてもおかしくない。

ロングテールを1つにまとめられれば、ビジネスになる。だが、たった1枚の地味なシャツを売ったところで、とうていビジネスにはならない。


ずば抜けた人の話を聞くことがある。ユーチューブで年間数百万ドルを稼ぐ子どもや、数百万人のフォロワーがいるファッショニスタなどだ。だが、「ずば抜けた人になる」というのは戦略ではなく、願いだ。

もっとも人気のあるウェブサイトのトラフィック

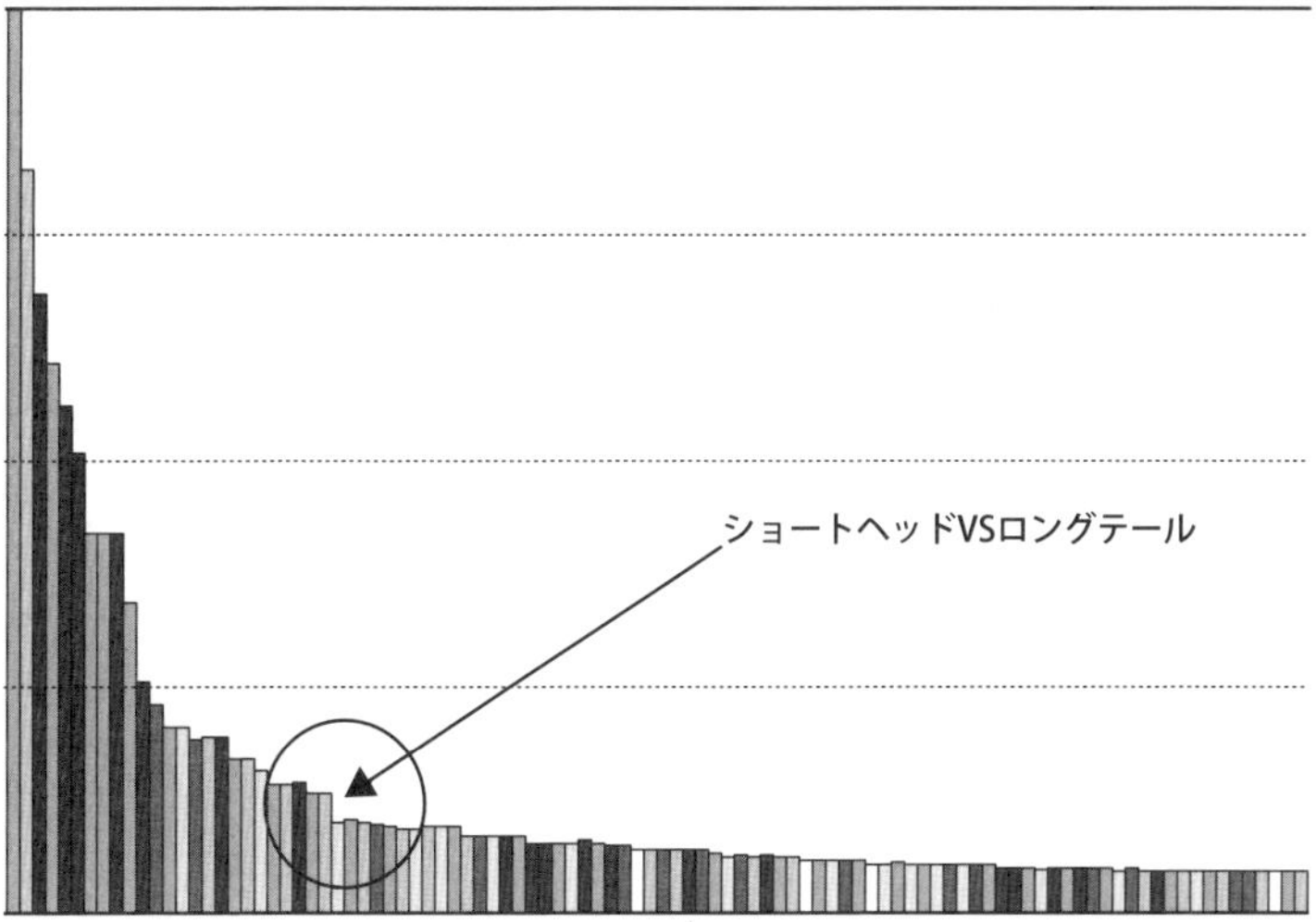

これはインターネットのまやかしだ。アマゾン、ネットフリックス、アイチューンなどの巨大な市場は、ロングテールにいる人の見当ちがいの希望と夢を当てにしている。

ロングテールをすべてまとめれば良いビジネスになるが、ロングテールにいる1人ひとりは悪戦苦闘しているのだ。

ロングテールの役割

たくさん売れるだけがヒットになる理由ではない。ヒット作はみんなが好むから、ヒット作なのだ。人はみんながやっていることをやりたがる（みんなというのは、〝私たちと同じステータスの人〟だ）。

あなたはこんな戦略を考えたのではないだろうか。細かく市場を開拓していく戦略だ。10代を対象にした文学小説の市場がある。木彫りに関する本の市場がある。パナソニックのカメラGH5を使用して、映像を撮影するビデオコースの市場がある。それから即興演奏の市場もある。

ドローン・ミュージック（単音で変化のない長い音を用いた音楽）の市場というものまである。ドローン・ミュージックは非常に大音量で演奏されるので、聴く人は防音具が必要になる。

Tシャツのロゴ：伝説　1988年4月6日から

市場を細かく分けると、ショートヘッドとロングテールがたくさんできる。

だが、これらのどの市場にも、ショートヘッドが必要だ。少なくとも、誰かがその市場の人とつながり、つながった人同士が互いの存在に気づいて「何がヒットなのか」を理解するようになると、ショートヘッドが必要になってくる。

ヒット商品は市場の人同士を結びつける。ヒット商品によって、それをつくった人が自分たちと同じ人間であることが、市場の人にはっきりとわかる。

そして、何がヒットしているかわかったら、彼らもそれをほしがるだろう。

このことから、ロングテールには、次の2つの重要な役割があることがわかる。

①その市場にもっとも重要で、明確な貢献ができる。

②ターゲットにした市場とつながり、こちらがショートヘッドに属していることを市場の人に知らせる働きをする。ヒット商品は、市場の人たちをくっつける接着剤になる。

インターネットは発見ツールだが、インターネットで発見されることを待っていてはいけない。あなたから消費者同士を結びつけて、市場にインパクトを与えよう。

ネットワーク効果でキャズムを超える

マーケティングの理論の1つである「キャズム」を発見したのはジェフリー・ムーアだ。キャズムは見過ごされがちだが、ロジャース曲線では重大なポイントになることが多い。ロジャース曲線とは、イノベーター理論の提唱者であるエヴェリット・ロジャースが考えたベル型の曲線で、文化におけるアイデアの広がり方を表している。

最初にくるのがアーリーアダプターだ。彼らはネオフィリア（新しいもの好き）なので、新しく、興味深くて、少しリスキーなものを好む。

しかし、ネオフィリアは周囲にあまりいない。

巨大な組織や大衆運動、巨額の利益、といったものは、大衆市場に依存していることが多い。つまり、成長するにはネオフィリア以外の人たちである大衆に、プロダクトやサービスを買ってもらわなければならない。

大衆市場には、ハインツ、スターバックス、アマゾンなど、何百社といる。

あなたはどうすればそこに入れるだろうか。

ぱっと思いつく答えは、アーリーアダプターを使ってこちらのアイデアを大衆市場に持ち込んでもらうことだ。

だが、たいていそうはならない。

なぜなら、大衆が望むものとアーリーアダプターの望むものがちがうからだ。大衆が望むのはうまく機能する、安全なものだ。パターンインタラプトではなく、パターンマッチなのだ。大衆は「〝私と同じステータスの人〟はこうする」というのを非常に重視している。

ジェフリー・ムーアは、アーリーアダプターという市場の一部から、スムーズに広がるイノベーションはほとんどないと指摘する。なぜなら、アーリーアダプターを満足させようとすれば、大衆を不快にする可能性があるからだ。イノベーションがやったこと（古いものを壊す）は、大衆が何より望んでいない。

大衆はDVDの交換をしたくないし、新しいソフトウェアの操作法を学びたくないし、オンラインでニュースを読みたくないのだ。

こうした大衆の感情がどのようなものか知りたければ、アップルストアのヘルプデスクで1～2時間過ごしてみればわかる。誰がなんのためにヘルプデスクにいるか、彼らの質問に耳を傾け、表情を観察してみよう。

ロジャース曲線の真ん中にいる人たち、つまり一般的な人たちは、新しいものを積極的に取り入れようとしない。かろうじて適応するのがやっとだ。だから、曲線の真ん中にいることを選ぶのだ。

キャズムを超えるヒントは、ネットワーク効果にある。現代社会で急成長しているマーケティングの成功のカギは、アイデアが広まったときに生活がより良くなるかどうかだ。

自分とつながりのある人が同じものを使えば生活がよくなるとすると、アーリーアダプターにはキャズムを超えた先にいる大衆に「アイデアを広めたい」という強い動機が生まれる。

新発売のチョコレートが気に入ったとしても、人に話す理由はない。ほかの人も同じチョコレートを食べたからといって、こちらの人生が良くなるわけではないからだ。

一方、時間をかけてでも、スナップチャットやインスタグラムやツイッターを人に使ってもらおうとするのは、ほかの人が自分をフォローしてくれたら、自分の人生が良くなるからだ。

これがシンプルなネットワーク効果で生まれる「ラチェットパワー」だ。つながりのあるトライブは、つながりのないトライブより強力だ。初期のころに仲間に加わった人は、ほかの人を連れてくる動機がある。そして連れてこられた人もまた、ほかの人を連れてくる動機がある。

もちろん、技術に限らず、社会をつくり変えてきたのは、たいていパターンインタラプトの背景にある力だ。

お互いが得をする対等なアイデアは、キャズムを超えられる。ネットワークの効果を使うことで、いま使っているものを変えるわずらわしさを、やる価値のある手間に変えるのだ。

キャズムを超えるためには、次の2つの問いに答えられなければならない。

①あなたの顧客は友人に何を伝えるか。
②あなたの顧客はなんのために伝えるのか。

あなたの顧客がこちらのことを友人に話してくれるのは、こちらが望んだり、頼んだりしたからでもなく、懸命に働いたからでもない。

ただ、話したいと思ったからだ。

だから、あなたの顧客にこちらのことを話したくなる理由を与えよう。そのためには、提供しているものを変えなければならないことも多々ある。あなたがつくったより良いもの——ネットワーク効果やラチェット効果や共有する理由があるもの——で、ものごとをより良くしよう。

次のページのガートナーのハイプ・サイクル（ガートナー社が作った特定の技術の成熟度、採用度、社会への適用度を示す図）は、社会がどのように変化するのかを示すすばらしい図だ。

技術の進歩によって、つくったものやこれから行う仕事の可能性が生まれる。それによって、パターンインタラプトも起こる。その瞬間、マーケティングでネオフィリアにアピールできる。アーリーアダプターである彼らは、必然的にプロダクトやサービスを過剰に宣伝してくれる。

それがアーリーアダプターになるいちばんの理由だからだ。【黎明期】

ガートナーのハイプ・サイクル

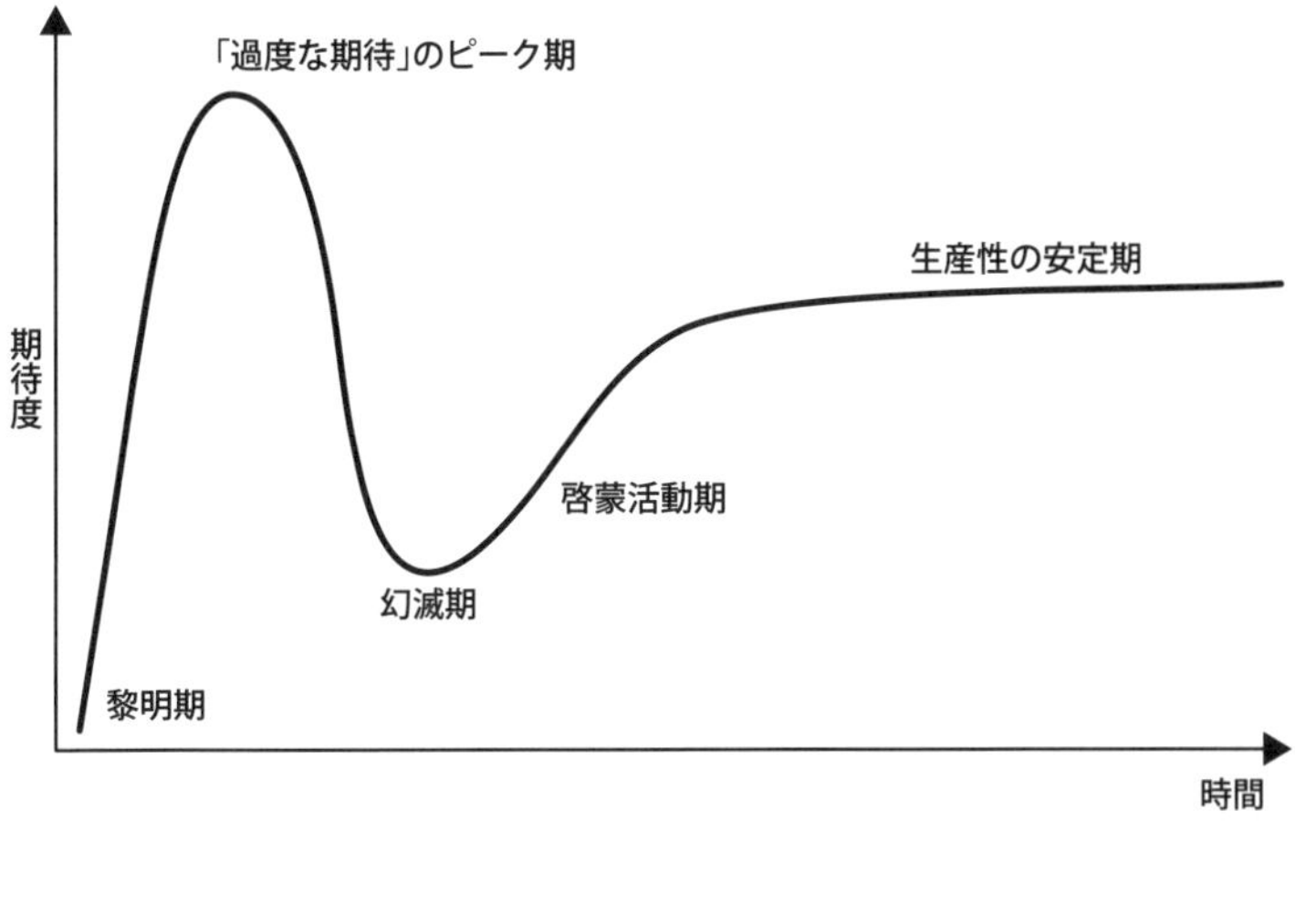

だが、一般の人にアイデアが広がっても、宣伝ほどのメリットを得られないので、受け取った人はがっかりする。そこで谷ができる。その瞬間、ネオフィリアはそのアイデアに飽き、大衆は軽蔑する。おそらくそれが、アイデアが勢いを失う瞬間だ。【幻滅期】

そのとき、アーリーアダプターよりも、保守的な人の世界観に合う新しいストーリーと、社会で前進するための「架け橋」が必要になる。そのままコツコツとアイデアを広める活動を続けると、新たなレベルに達する。【啓蒙活動期】

そして、プロダクトやサービスが大衆にとって必要不可欠な存在となる。古いパターンが新しいパターンに入れ替わったのだ。【生産性の安定期】

キャズムを超えられないとき

数年前、スクゥイドゥ（著者の利益共有記事作成サイト）のメンバーといっしょにハグダグ（hugdug.com）というサイトを立ち上げた。

ハグダグのアイデアはとてもシンプルだった。自分の好きな商品を紹介するアマゾンのページを、約4分でつくれるというものだ。たとえば、ある本を選んだ場合、つくったページには、表紙とタイトルと大きなリンクボタンが表示される。

そこに自分の評価や関連のあるコメントも追加できる。

誰かがそのリンクから本を購入した場合、アマゾンからハグダグにロイヤリティの支払いがあり、その半分を自分の好きな慈善団体に寄付する。

予測では、著者がこの方法を使って、喜んで自分の本を宣伝してくれるはずだった。アマゾンの著者ページより管理が簡単だし、情報の表示方法だけでなく、慈善活動に参加できることも、著者として誇りが持てるはずだと思ったのだ。

それに、ピンタレスト（イベントや興味のあること、趣味などテーマ別の画像コレクションを作成し管理できるサイト）のファンなら、このようなページをつくるのは楽しいだけでなく、満足感も得られる。関心のある団体に寄付ができるからだ。

すぐに、アーリーアダプターが見つかるはずだった。ネオフィリアなら、インターネット上にあるキラキラとした真新しいものを試してくれるはずだ。一旦うまくいくとわかったらもっと使って、ロングテールにいる人たちをどんどん前に押してくれる。そうなったら、何千ページもつくってもらえるだろう。

そしてこの情報が広まったら、著者たちを集める。アーリーアダプターはどんどん本の宣伝をして、やがて小さい魚の何倍ものお金を払ってくれる〝クジラ〟になる。

ハグダグのページを見た人はアマゾンと同じ価格で買うだけでなく、自分のページもつくるはずだ（ページをつくればステータスが上がる。エリート集団と自分の意見を共有し、慈善団体に寄付もできるのだから)。

ところが、数カ月運営を続け待ってみたが失敗に終わった。原因は、試用期間中に〝クジラ〟を1頭も見つけることができなかったからだ。自分のページを12ページ以上つくったり、積極的に宣伝したりしてくれた人は、6人にも満たなかった。

緊張はあっという間に消えた。1回訪問した人が、また訪問したいと思えなかったのだ。あまり売れない商品だけが増え、ひと月に1冊も売れないものも珍しくなかった。それに、ページを宣伝してもらえなかった。ショッピングサイトを友人に宣伝するのは、気が引けたのだろう。

この件で学んだのは、キックスターターのような成功は、端から見ているよりむずかしいことだ。一夜の成功が4カ月でできると思い込んでいた。宣伝してもらえる動機をつくる難しさを、甘く見ていたのだ。それに、最初のユーザーを大衆との架け橋に変えるような、ダイナミックな緊張をつくることもできなかった。最初のユーザーをうまく動かすことができれば、キャズムを超えるときに大衆をつなぎとめることができただろう。

ステータスについてのストーリーも十分ではなかった。最初の顧客はどんな人になるのか、その人たちは何を望み、信じ、話しているのか、という具体的なことをほとんど伝えられなかったのだ。

ケーススタディ

フェイスブックと最大のキャズム

現代では、「大衆市場への橋」を完全に渡りきったブランドは非常に少ない。本書を読んでいるほとんどの人がよく知っているスターバックスも、まだ完全には渡りきっていない。ハイネケンもベーグルも。

だが、フェイスブックは渡りきった。289ページのグラフはそれを示している。

各棒は年ごとのユーザー数（途中で1年の切り替え月が変わっているが、基本的に1年単位だ）を表している。新たなユーザーが増えだしたのは2008年ごろだ。

ユーザーが飛躍的に増えたのは、登録する理由が「これはちょっとおもしろい」から「これはすごく役に立つ」になり、そこから「使っていないのは自分だけだ」に変わったからだ。

フェイスブックは当初、ハーバード大学で非公開サイトとして始まった。臆病なハーバード大学の学生は、自分の序列を知るために、すぐにでもステータスをもつ必要があった。

フェイスブックはアイビーリーグ（アメリカ北東部に位置する名門私立大学の総称。ハーバード大学、イェール大学、ペンシルベニア大学、プリンストン大学、コロンビア大学、ブラウン大学、ダートマス大学、コーネル大学の8校）に広まるたびに、その大学がある「地域のキャズム」を次々と超えた。どの大学でも、はじめに飛びついたのはネオフィリアだ（彼らは〝いちばん〟が大好きなのだ）。そしてラチェット効果の連続によって、フェイスブックは広まり続けた。フェイスブックの友人数が多ければ多いほど、ステータスが高くなる。すでにフェイスブックを使っていた人（アイビーリーグの学生）は、誰もが賞賛するようなステータスをもっていた。フェイスブックが根付いたのは、不安定だが高い地位にいる若者に囲まれた最高の場所だ。彼らは高速のインターネット回線と十分な時間、そして、注目されたい、つながりたい、目に見えない序列を上りつめたい、という貪欲さをもっていた。

一旦地域のトライブに広まると、あっというまにほかの大学へ、そして大衆へと広がった。この最後のキャズムの飛躍でフェイスブックは10億ドルを稼いだ。ここでふたたび、ステータスが力をもつ。フェイスブックはオタクにステータスを与え、オタクの人たちが市場の中心になり、参加せざるを得ない状況（ラチェット効果）をつくった。つまり、参加するか、社会的な孤立に直面するか、という2つの局面だ。

ほとんどのマーケターが、この最後の大きな飛躍を望むが、なかなか起こらない。巨大な大衆市場に影響を与えられるほど、通常のネットワークの効果はそう強力ではないのだ。

「地域のキャズム」から超える

あなたは「広範囲のキャズム」は超えようとしなくていい。「地域のキャズム」を超えるだ

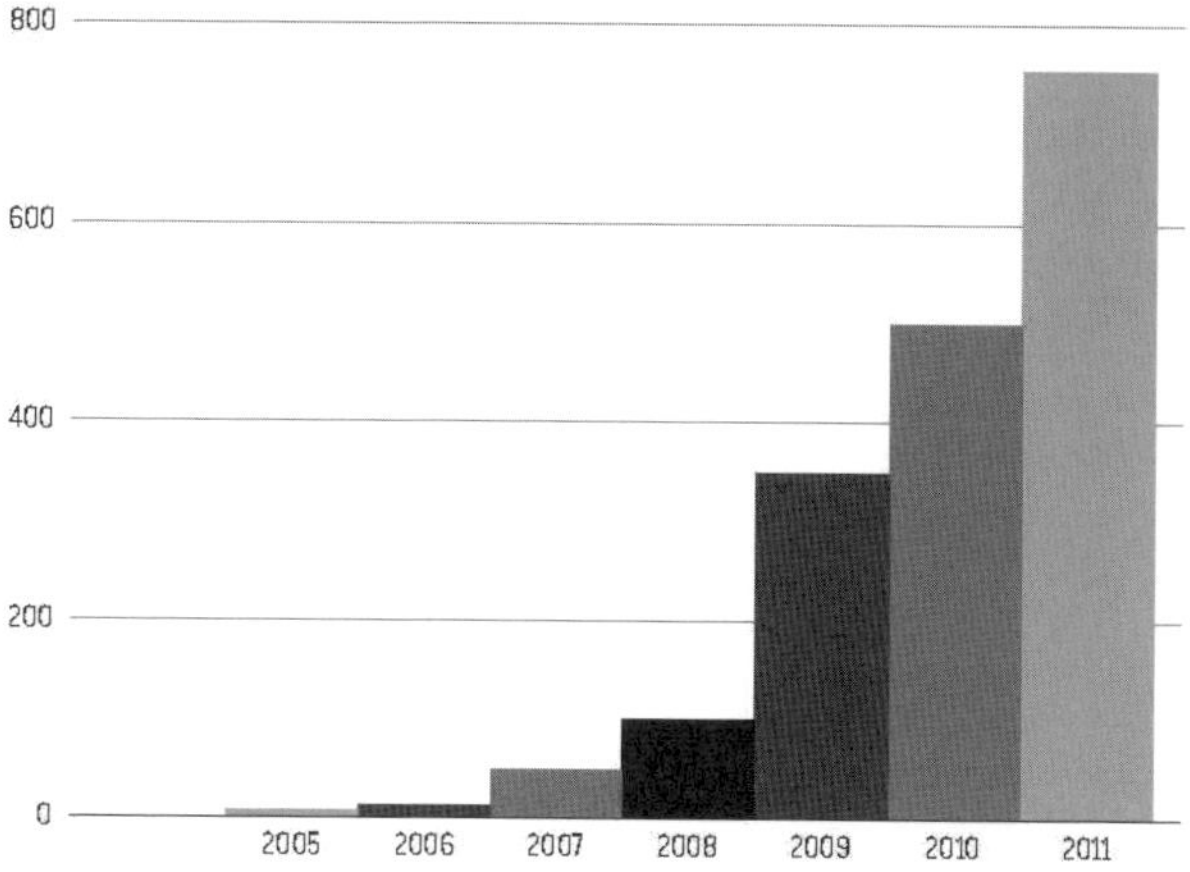
800
600
400
200
0
2005
2006
2007
2008
2009
2010
2011

けで十分だ。

地方の小学校が良い例だ。

1人の子どもが月曜日にヨーヨーを持ってきたとする。でも、その日、その子が持ってきても、何も起こらなかった。

数週間後、カリスマ的な5年生の女の子がヨーヨーを持ってきた。そして、ヨーヨークラブをつくると宣言する。オープンなクラブだが、ヨーヨーを持っていないと入れない。彼女はヨーヨーがとてもうまかったのだが、威張るタイプではなかった。彼女が学校に持ってきたのは、自分と友だち用の4つのヨーヨーだ。

すぐに4人は遊び場に行って、〈犬の散歩〉や〈空転〉の技をした。彼女ははじめの仲間をうまく選んだ。全員アーリーアダプターで、地元のリーダー的存在だったのだ。

1週間後、遊び場にはヨーヨーを持った子どもが30人いた。クラブに入るためのコストはヨーヨー代だけですぐに楽しめるし、仲間とのつながりも現実的に感じられる。

それから1週間が経つ頃には、ほぼ生徒全員がやっていた。

ヨーヨーがこれほど早く広まったのは、持続性のない一過性の流行だからだ。早く広まったように早く消えていく。もちろん、独自性が強く、長く続くものをつくれば、その限りではない。

同じことがアグ(Uggs)のプロダクトでも起こった。黒のバックパックとペニースケートボードだ。

大衆が気づくのは、「地域のキャズム」を超えたものだけだ。だが、アーリーアダプターはつねに最先端のものを体験している。キャズムを超え、大衆が気づくほどの緊張がつくられるのは、アイデアがアーリーアダプターに取り入れられるのと同時に、ネットワーク効果が表れたときだ。

B to Bマーケティングの目的

B to Bとはbusiness to businessの略で、企業間取引のことだ。

B to Bは主要な市場の3分の1以上を占めているが、B to Bのマーケティングもまったく同じだ。B to Bは一見複雑で、個人相手のマーケティングとはまったくちがうものに見える。ケタちがいの数字、見積書、満たすべき厳しい仕様、価格競争、長い販売サイクル、それにちっとも楽しくない。

だが、実際はもっとシンプルだ。

建築物の環境性能を評価するアメリカのLEED認証の成長を見てみよう。米国グリーンビルディング協会は、建築物が満たすべき一連の基準を定めた。運用を開始したときは、1日に

2件しか申請がなかった。申請してきたのは、新しい話のネタをほしがっていた設計者や建築家たち、つまりアーリーアダプターだ。

ところが、2007年から2009年ごろに起こったサブプライム住宅ローン危機の直前から、認証依頼件数が増え始めた。何も起きていなければ、12年間で申請された件数に達するには120年かかっていただろう。

不動産開発業者は建物、それも賃貸用か、再販売できる建物を建設するのに、多額の借り入れを行おうとしていた。

LEED認証の取得を要求する賃貸者か購入者がいた場合、認証があればその建物の所有者にステータスを与えられる。それに認証されないような建物をつくると、後悔するか欠陥住宅のレッテルを貼られる恐れがある。

そこで、上を目指すレースが始まった。

各開発業者にはそれぞれにストーリーがあり、そのストーリーが認証を得る動機になった(もとは利己的な理由からだが、結果的には前向きなものになった)。

不動産の買取業者たちがひっかかったのは、「上司になんて言おうか」ということだけだ。

このとき、アイデアや情熱のないマーケターなら、「この物件がいちばん安いものです」という売り文句にするだろう。

だが、あなたなら、「この物件を選べば、役員会/投資家/上司に、○○を伝えられます」

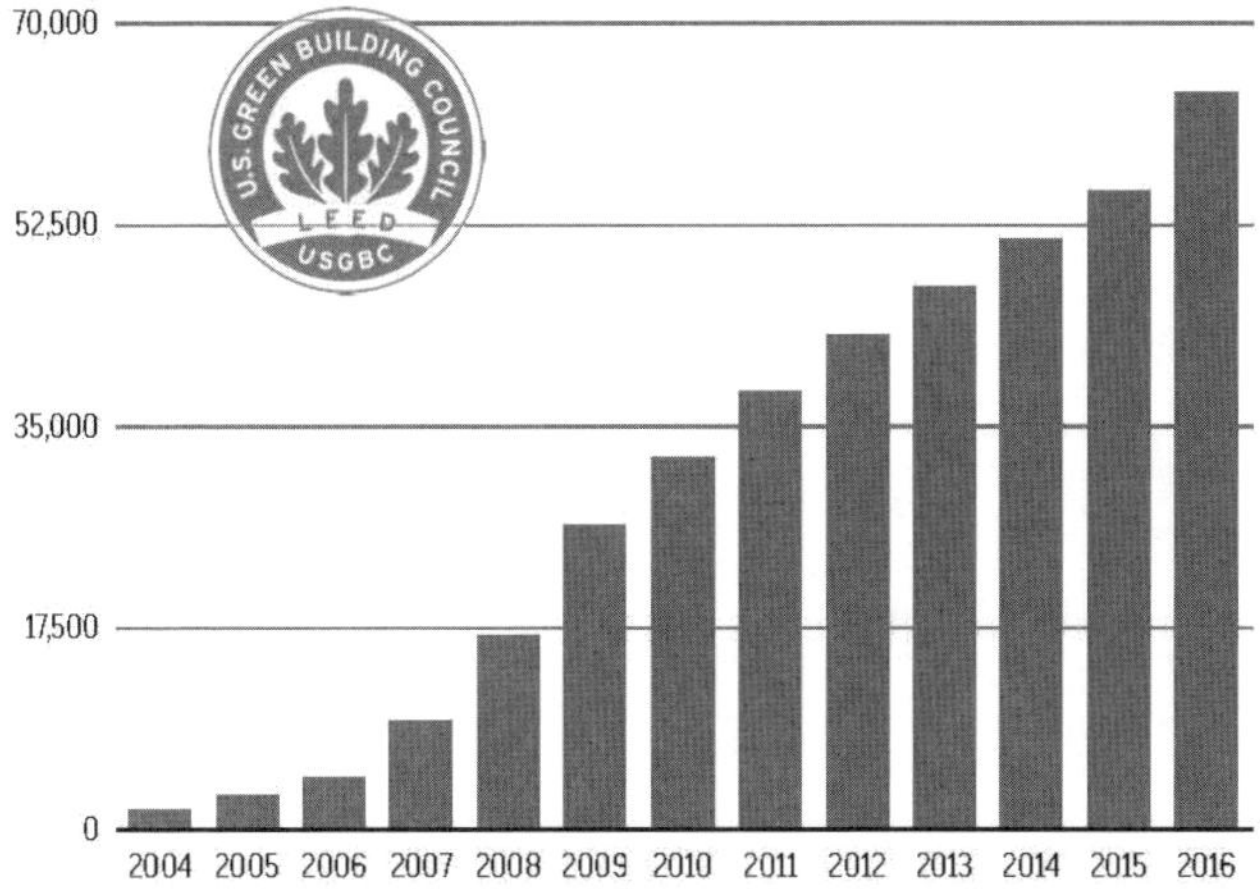
70,000
52,500
35,000
17,500
0
U.S. GREEN BUILDING COUNCIL
LEED
USGBC
2004 2005 2006 2007 2008 2009 2010 2011 2012 2013 2014 2015 2016

と、ステータスや恐れ、協力関係、所属、支配、安全性、コミットメント、洞察、あるいは前述したほかの感情を刺激する売り文句にするだろう。

第 17 章

「トライブ」をつくり市場を導く

トライブを動かす3つのストーリー

幸いにも、いっしょに活動し自分が導いていく仲間、つまりトライブができた人に、まず伝えたいことがある。それは、トライブは決してあなたのものではない、ということだ。だから、トライブのメンバーに何かを指示したり、自分の目的のために利用したりしてはいけない。

トライブの仲間は、あなたの話に耳を傾け、真剣に考えてくれるかもしれない。また、仲間はトライブが使命を達成するのに役立つ方法でアイデアを人に伝えてくれ、ふたたび仲間を増やすチャンスを得られるだろう。

トライブの仲間に時間とお金を投資すれば、仲間は自分たちの望むもの、必要なものを教えてくれるはずだ。そうすれば、仲間の気持ちに共感し、仲間のストーリーを理解し、ふたたび仲間の役に立てる。

しかしこれでは、あなたがいなくなっても、おそらくトライブに問題は起こらない。目指すべきは、あなたがいなくなったときに仲間に寂しがってもらうことだ。

マーシャル・ガンツは公民運動家のセサール・チャベスやバラク・オバマとともに働いたことのある、ハーバード大学のすばらしい教授だ。彼は人を動かすための、シンプルな3つのステップのストーリーを明らかにしている。

「自分のストーリー」「私たちのストーリー」「いまのストーリー」だ。

「自分のストーリー」は地位、つまり、あなたが誰かに語りかけるときに上がる演台を与えてくれる。自分のストーリーを話すことは、「私はあなたと同じような人間であり、あなたと同じようなことをするものです」と説明するチャンスだ。そして、自分の行動次第で、自分の見るもの、聞くもの、理解するものが変わるということも伝えられる。

人は自分の変化——過去の自分からいまの自分になった経緯——を語るとき、他人に優しくなれる。それは些細な経験を吹聴することでもなければ、オンラインの脆弱性を理解しているふりをすることでもない。

「私たちのストーリー」はトライブの核となる。なぜ私たちは似ているのか。なぜ私たちはお互いを気にかけるべきなのか。なぜ私たちは仲間の立場に立ったときに、仲間の気持ちに共感できるのか。私たちのストーリーは個々のものではなく、トライブ全体のストーリーになる。だから、「私たちのストーリー」を話すことで、自分のストーリーとトライブとが結びつき、トライブの仲間になることに意味が生まれる。

「いまのストーリー」はとても重要だ。これを伝えることで、仲間との旅に加わることになる。トライブといっしょにいる機会やトライブからのプレッシャーこそが、いっしょに前進する緊張を与えてくれる。

私もかつてはどうしようもない場所にいた。でも、そこで学び、いまここにいる。もちろん、私は1人ではないし、1人で乗り越えたわけでもない。おそらく私が抱いた悩みを、あなたも抱いているだろう。きっと誰かといっしょなら、解決できる。

だが、いっしょに解決するのをためらったり、まわりの人を置き去りにしたりすると、うまくいかない。〝いま〟という緊迫感を生むためには、仲間とともに足並みを揃え、後悔や恐れを手放し、フットワークを軽くしなければならない。

わかりやすい例があるので紹介しよう。ある女性の話だ。

「以前の私は理想体重より20キロ太っていました。不健康で、人間関係も最悪でした。ところが、フィギュアスケートに出会って変わりました。はじめは大変でしたが、リンクの上でできた友だちのおかげで、楽しめるようになりました。そして数カ月もすると、何キロも体重が落ちていたのです。でも私にとっては、自分に自信が持てるようになったことが大きかったです」

「私にとっての本当の収穫は、友情を築けたことでした。生きる喜びを実感するのは、健康でいることだけでなく、リンクの外にいるときの仲間——あなたのような古い友人やリンクの上でできた新しい友だち——といっしょにいることだと気づいたのです」

「だから今日、あなたがリンクに来てくれて、とてもうれしいです。事前にスケート場に連絡をして、あなたのスケート靴を用意しておきました」

女性の話のはじめの部分では、話し手の過去と現在の状況（自分のストーリー）がわかる。話の中盤では、聞き手（「あなたような古い友人」）との関係にも触れ（私たちのストーリー）、話し手の友人関係が変化したことがわかる。

そして最後に、話し手がいま何かをする理由（いまのストーリー）を伝え、聞き手に行動をうながしている。

洗脳はトライブをつぶす

『Rules for Radicals（過激派のルール）』の著者であり、有名な社会運動家でもあるソウル・アリンスキーは、ライバルのやる気をなくして負かすゼロサム・ゲームの13の指針を定めた。それは次のような指針だ。政治の世界でよく使われている。

「あなたには力があるが、敵もあなたに力があることを知っている」
「仲間の専門外のことには決して手を出すな」
「できるだけ、敵の専門外のことをやれ」
「敵を相手独自のルールに従って生き延びさせろ」

「あざけりは人間のもっとも強力な武器である」
「良い戦術とは仲間が楽しめるものである」
「あまりにも長引く戦術は障害になる」
「プレッシャーを与え続けろ」
「脅しは行動に移すより口先だけのほうが怖い」
「戦術の主な目的は、敵に一定の圧力をかけ続けられる方法をつくることだ」
「あまりにも強く深く否定すると、反対に肯定することになる」
「攻撃がうまくいっても、建設的な代替案は失う」
「ターゲットを選んで追いつめて洗脳し、敵と対立させる」

しかしいままでは、問題を解決する手段として、対立する両者がこのやり方をするため、賛否両論がある。

では、このルールを逆にするとどうなるだろうか。

「人に仕事を与えるのは、お金を与えるより効果的である」
「仲間に探求させ、学ばせ、不確実なことに満足できるようになってもらう」
「確固たる基盤をつくるなかで、人を助けられる方法を見つける」

「目標達成のためのルールづくりを手助けする」

「自分がしてほしいように人を扱う」

「おもしろがって批判しない。たとえおもしろくなくても、学びになるなら、やってみる」

「ほかの人が戦術に飽きても、長く続ける。止めるのはうまくいかなくなったときだけだ」

「プレッシャーを感じすぎなくていい。こちらが起こす変化が無視できなくなれば、いずれ他人はこちらに関心をもってくれる」

「人を脅さない。人は『脅された』か『脅されていない』かのどちらかにしか感じない」

「必要なことを行う能力と忍耐力のある人を集めてチームをつくる」

「前向きなアイデアを繰り返し仲間に伝えていると、みんなのレベルが上がる」

「自分の問題を解決してから、ほかの人の問題解決に時間をかける」

「仲間を祝福し、自由に仲間を増やしてもらい、たくさんの人を受け入れる。組織や制度に反対してもいいが、仲間には反対しない」


これらの13の指針は、マーケターに使命を果たすチャンスをくれる。

使命とは、人と関わり、その人たちが求める変化を起こす手助けをすること。そして、彼らの世界観を理解し、彼らが望むものと彼ら自身に合う方法で行動を起こすこと。また、無限の可能性というゲームのなかで人と人をつなぐことだ。

トライブは共通の関心、目標、表現でつながる

トライブには必ずしもリーダーが必要なわけではない。トライブにはたいてい、同じ関心と目標と表現を共有する人が集まっている。

マーケターには、人をつなぐチャンスがある。人は孤独で孤立し、気づいてもらえなくなる恐れを抱えている。だがマーケターは、変化を起こすことでその人たちをつなげることができるのだ。

そして、ステータスの役割を使って文化的なものを意図的につくり、仲間の身なりや暗号、あるいはシークレット・シェイクハンド（特定のメンバーだけが知っている握手の仕方）まで生み出すことができる。

もちろん、すべてを語ってはいけないし、明らかにしてもいけない。シークレット・シェイクハンドがあってもいいし、プロダクトやサービスに隠し機能があってもいい。人々に愛されるプロダクトやサービスをつくったり、何かに情熱的に取り組んだりしてもいいだろう。

マーケターは、トライブを前進させられるし、メンバーが目標を決めて前進するのをうながすこともできる。ナイキが「Breaking2」のプロジェクト――2時間以内でフルマラソンの完走を目指すプロジェクト――に数百万ドルを投資することに情熱を燃やしたとき、ナイキはト

ライブと関わりを持ち、意欲をかき立てた。たとえプロジェクトが失敗しても、ナイキ（およびプロジェクト立ち上げに関わったトライブのメンバー）は最後には得をする。

それに、トライブはこちらが情熱をもって何かをするのを待っている。

ほとんどの人は、マーケターは誘ったらすぐに逃げる〝あやしい人〟だと思っている。でもなかには、本気で情熱を注ぐマーケターもいる。こちらが本気で情熱を注いで何かをすれば、トライブも答えてくれるはずだ。

なぜなら、こちらが仲間になれば、こちらの成功はトライブのメンバーの成功にもなるからだ。

手を離せば勢いがなくなる

プロダクトやサービスに勢いがついたら、形になるまでそっとしておきたいと思うだろう。プロダクトやサービスは「地域のキャズム」を超えたら、社会に完全に浸透するので、また新しいプロジェクトを立ち上げよう、と思うかもしれない。

ところが実際は、そうならない。

アーリーアダプターが気になるような新しいアイデアはつねにある。彼らはつねに新しいものを探し、それが見つかったら、いち早くこちらを手放す。

それに、緊張が解消されると、現状維持をしたがる人たちも去って行く。しばらくは、こちらのレストランやソフトウェア、スピリチュアルな活動を楽しむかもしれないが、現状は変わり続けるので、継続して新しい緊張をつくらなければ、姿を見せてくれなくなるだろう。

仕事には半減期がある。どんなトライブでも、積極的に維持しようとしなければ、その活動は半減する。毎日、毎月、毎年――半減期がいつ来るのかはわからないが、いつかは来る。

それを避けるには、次のものをつねに追い続けるのではなく、すでに持っているものといっしょに腰を落ち着ける勇気を持とう。再投資する方法だ。

最高のマーケターは猟師ではなく農民だ。種を蒔いて水をやったら、また同じ土を耕して肥料を与えて除草をして、ふたたび種を蒔く。キラキラした新しいものを追いかけるのは、ほかの人にやらせよう。

全米トップセールスパーソンだったジグ・ジグラーは、鍋や釜などのキッチン用具の販売員だった。彼が活躍した1960年代当時、会社には3000人ほどの販売員がいたが、全員同じやり方をしていた。サンプルを車に乗せて町を訪れ、商品をひたすら売り込んだら、また次の町に行く……の繰り返しだった。

すでにお伝えしている通り、アーリーアダプターは見つけやすく、売り込みやすい。

しかし、ジグは、アーリーアダプターではない人たちをとらえる、まったく別の戦略を持っていた。ジグは車に乗って新しい町に行くと、そこに引っ越して数週間部屋を借りて住む。そして何度も住民に自分の姿を見せたのだ。

実はジグがはじめに売り込むのも、ほかの販売員が売り込んだようなアーリーアダプターだ。だが、町の住民は、ジグはほかの販売員とちがってすぐにいなくならないことに気づいた。その町に滞在しているのだ。

夕食のデモンストレーションをやり続けるうちに、ジグは住民に知られるようになった。1カ月のあいだにアーリーアダプターではない一般人と、5、6回、いや7回は交流していたかもしれない。

これはまさに、一般人が購入を決める前に望むことだ。

ジグは、ほとんどの販売員はキャズムにぶつかると退散するが、自分はキャズムを超える橋をつくろうと考えたのだった。売上がまったくない日もあったが、彼はそれでも気にしなかった。一旦「地域のキャズム」を超えてしまえば、投資した時間は十分取り戻せるからだ。

手間をかけない売り込みが、必ずしもいいとは限らないのである。

市場にインパクトを与える勇気

「どうやってエージェントを見つけたらいいですか？」

これは脚本家や監督、俳優をしている人が、いつもたずねられる質問だ。こうした業界にはキーパーソンがいて、特別なつながりがないと入れない。そこで、橋渡しをしてくれるエージェントが必要になる。

だが、映画制作者のブライアン・コッペルマンは、こうした直接的な方法はうまくいかない、と指摘する。たしかに、エージェントは業界の人に連絡を取ってくれるが、24時間営業活動をしてくれるわけではない。昼夜を問わず電話をして、こちらを出世させるために惜しまず努力をしてくれるわけではないからだ。

本書ですすめるのは、外に出てエージェントを探す方法ではなく、エージェントやプロデューサーがこちらを探しにやってくる、という魔法のような効果をもたらす方法だ。

あなたは気が利く素直な人で、自分の視聴者と手がけた作品に思い入れがあり、重要なものをつくった人でもある。

手がけたものは、長編映画やピューリッツァー賞を受賞した戯曲などでなくていい。むしろ、このアプローチは、洗練された完璧な作品でないほうがうまくいく。

最高の作品は視聴者を不安定にする。不安定さを解消する唯一の方法は、人に話をし、自分の体験を誰かと共有することだ。不安定さから生まれた緊張によって、人はつい誰かに話をしたくなる。そして、「もう見ましたか？」とたずねる。すると、たずねた人のステータスが上がり、その作品を支持する人がかけ算式に増えていく。

重要なのは、つながりだ。インパクトを与え、いい緊張が生まれたら、視聴者は誰かに伝えなければ気が済まなくなる。

なぜなら、人に伝えるのが人間の本能だからだ。アイデアの場合は、とくにそうだ。自分がどのように変わったかを人に伝えるのは、緊張をゆるめる唯一の方法なのだ。

これはすでに述べている通り、大変な仕事だ。マーケターはこれが自分の使命だと決意し、変えたい人の前に姿を現すという大切な仕事を、はじめにしなければならない。

ケーススタディ
ほかの車の価値を超えたテスラ・モデルS

テスラがテスラ・モデルSを発売したとき、多くの高級車のネオフィリアがいま乗っている車を壊したくなるようなストーリーを持っていた。

実際に壊すわけではないが、その車を所有していても、もう楽しくないとネオフィリアに思わせた。

つまり、自慢する価値がなくなったのだ。

高級車のオーナーは明らかにふつうの人より頭が良くて裕福というステータスがあったが、モデルSの登場によっていま所有している車が〝頭が良くて裕福な人〟というステータスを高めてくれなくなったのである。

モデルSが発売される前の晩、高級車のオーナーは、ピカピカの真新しい最先端の車がガレージに止まっているのをうれしく思いながら眠りについた。安全で、機能的で、価値の高い車だ。

ところが翌朝目を覚ますと、そのストーリーはもはや真実ではなくなっていた。

テスラは、自社の車の最初の5万台を買った人たちは、「本当は車を必要としていないこと」に気づいていた。すでにすばらしい車を持っていたからだ。

そこで、テスラのCEOであるイーロン・マスクは、特定のグループが彼ら自身に語っているストーリーを変える車をつくった。その大きさで史上最速、もっとも安全、もっとも燃費のいい、この3つが揃った車をつくったのだ。彼はファンのために、むずかしい手段を選んだ。それもアーリーアダプターや技術オタク、環境保護主義者、そして大胆さを支持する人たちのステータスを揺るがすような新たなストーリーで。

既存の自動車メーカーは、コンセプトカーの構想から実際の車をつくるのに苦労している。モーターショーでコンセプトカーを発表してから標準化し、数年かけて道で爆発しない現実的な車に仕上げていく。

既存の自動車メーカーは、テスラのような車をつくらなかった。つくり方がわからなかったわけでも、資源がなかったわけでもない。それでも、フォードもGMもトヨタもつくらなかった。なぜなら「私たちのような自動車メーカーは、そんなリスクを負う必要はない」と考えたからだ。それに、彼らの顧客も同じように「リスクは負いたくない」と感じていた。テスラのように、高級車のストーリーにインパクトを与える車をつくるのは簡単ではない。

このような大胆さが組織で取り入れられるようになるのは、技術の進歩とともに、「できるか？」から「する勇気があるか？」という意識に変わったときだ。

世界中の人にモノを売り込むのと、1人にモノを売り込むのとでは、まったくちがうと感じるかもしれない。だが、そんなことはない。

たとえば、上司は自分の世界観を変えたがらない。自分がつねに望むものをほしがり、部下のレンズではなく、自分の経験というレンズを通してものごとを見ている。上司は自分のような人がどんな人で、その人たちが何を考えているかわかっている。そして、自分の目標達成に役立つことをしたいと思っている。そこには、ステータスや安全性、敬意を得るといった目的も隠れているだろう。

だから、こちらが自分のほしいものや、価格や機能や見当ちがいの緊急性に焦点を合わせたものを上司に持って行っても、おそらく望む答えをもらえない。

自分は責任逃れできるようにしておきながら、上司に承認を求めるときも同じだ。だが、もっと深く、部下としての自分の役割をとらえれば、上下関係が理解でき、信用を利用して熱狂を起こせるし、プロセスも変えられるだろう。

マーケティングも相手に貢献することで、より良いものが生み出せる。消費者を顧客から生徒に変えることだ。熱狂を起こし、こちらの考えを教え、一歩ずつ、着実につながりをつくろう。

第18章

マーケティングは必ずうまくいく

完璧という名の独裁者

「完璧にする」という思考は、可能性を狭めてしまう。完璧にする前提で行動すると、終わったら「もうやりました。やれるだけのことはやりました」と断言してしまう。

そして、チャレンジもしなくなる。完璧に達成できなければ、必ず「失敗」になるからだ。

一方、「より良くする」という思考は、可能性を開く。目の前にあるものに目を向けさせ、どう改善できるかを考えさせてくれるのだ。

より良いものをつくるという考えでいると、消費者のために劇的な改善をするチャンスがやってくる。

「まだまだできる」という改善の余地を残した考え方は、言い訳でも、ずるい考えというわけでもない。不完全だからこそ、「より良くする」という約束が生まれ、その約束が顧客の信用につながるのだ。

信用は、相手を理解する機会を与えてくれる。理解は学びにつながり、学びは約束につながる。そして、約束で熱狂を起こす可能性が生まれる。熱狂は、より良いものをつくるのに欠かせないものだ。

だから、つくったものを世に出そう。完璧でなくても構わない。そのあと、改善すればいいのだ。

誰かを助けるとき、人は優しくなれる。

誰かに助けを求めるとき、相手がこちらを見て気遣ってくれているとわかると、相手を信用できる。

一方、誰かを助けることも、誰かに助けを求めることも拒否した人には、みんなは心を閉ざし、頑なになり、他人を恐れる。

誰ともつながりがなければ、「より良い」ものをつくることはできないのだ。

マーケティングは「悪」だろうか？

時間とお金（とスキル）を使えば、ストーリーを人に語ることができる。人に広まるストーリー、人に影響を与えるストーリー、人の行動を変えるストーリーだ。

マーケティングを行うと、買おうと思っていなかったものを人に買わせたり、投票しようと思っていなかった政治家に投票させたり、これまでまったく視野に入っていなかった団体を支援させることができる。

マーケティングがうまくいかなければ、費やした努力（とお金）が水の泡になるだけだ。

でも、マーケティングは必ずうまくいくようになっている。

マーケターの望み通りに人を動かせるとすれば、マーケティングは悪いことなのだろうか。『タイム』誌に掲載された私のブログに関する記事で、著者は皮肉を込めて次のように書いている。

「決して答えの出ない問い：マーケティングは悪か？　長い経験から言って、答えは『イエス』と言わざるをえない」

実は、この評論家の言葉は少し修正する必要がある。

私なら、そこに「マーケティングは悪か？　この業界で長くやってきた私からすれば、『悪もある』と言わざるをえない」と付け加えるだろう。

子どもにタバコをすすめたり、選挙や政治的プロセスをコントロールしたり、ひどく害のあるウソをついたりするのは悪だ。効果的な薬があるのに効果のない薬を売ったり、お金ほしさにタバコを正当化する方法を考えたりするのも悪だ。

だが、マーケティングで、ポリオのワクチンを接種するようすすめたり、手術の前の手洗いをすすめたりするのはすばらしいことだ。マーケティングが効果的なのは、プロダクトを買うことで楽しみが増えたり、生産性が上がったりすると気づいた人に売るときだ。

また、マーケティングは、コミュニティをより良く変えたいという人を選ぶときの魔法にもなる。ウェッジウッド社の創始者であるジョサイア・ウェッジウッドが数世紀前にマーケティングを発明して以来、マーケティングは生産性を高め、富を増やすために行われてきた。

しかし、モラルに反することもできてしまう。

どんな強力なツールであっても、社会に影響をもたらすのはツールそのものではなく作り手だ。マーケティングは、かつてないほどすばやく社会に影響を及ぼす。10年前には誰も想像できなかったほど安い金額で、以前よりも大きな影響を与えることができるようになった。

ここであなたに1つ聞きたい。自分自身に問いかけてほしい。

「その影響力を使って、何をするつもりなのか」

私にとっては、マーケティングが社会的にうまくいくのは、マーケターと消費者の双方とも、何が起こっているかに気づき、最終的な結果に満足しているときだ。化粧品を売って誰かを喜ばせるのは悪ではない。なぜなら、美しくなることが目標ではなく、楽しみをもたらすプロセスが目標だからだ。

それに対し、人を騙して家を奪い、その家を売って販売手数料を稼ぐ、というのはよくない。

誰かに売り込めるからといって、売り込んでいいというわけではない。売る側には力があり、責任がある。たとえ上司に命令されたとしてもだ。

幸いにも、私は物ごとの良し悪しを判断する立場ではない。判断するのは、あなた自身と、あなたの顧客や顧客の隣人だ。近いうちに、まっとうなマーケティングが、悪質なマーケティングを打ち負かしてくれるとありがたい。

これからマーケターが築くべきもの

私たちは頭のなかのノイズに対して、どう反応しているだろうか。

世の中にもっといいものをもたらす勇気はあるだろうか。

なぜ、モノの見方を変えるのはむずかしいのだろうか。

「よろしければ、どうぞ」と世間に公表するのをためらうのだろうか。

ためらわずにすべきことはなんだろうか。


これらの問いは、マーケティングとは一見関係ないように聞こえるだろう。だが実は、この問いに対する答えを出せないでいると、いずれマーケティングで躓《つまず》くことになりかねない。

あなたの周りには、あなたほど才能がなく優しくもない人たちが、プロのふりをしてうろちょろしている。だが、提供できるものを持っている本物のプロの多くは、自分の功績を世間に公表するのをためらう。

うまくものをつくるようになったり腕を磨いたりするのは、売り込みがうまくなるのとはちがう。つくったものを消費者が必要としているのは間違いない。だが、消費者がもっと必要としているのは、マーケターがつくる変化だ。

変化を起こすには、ジャンプが必要だ。もちろんリスクがあるし、責任感でいっぱいになるだろう。それに、成功する保証もない。

こちらが「最高の自分」や「最高の自分の仕事」を世の中に差し出しても、世の中がそれを受け入れてくれず、マーケティングが完全に失敗する可能性は大いにある。

消費者に共感してもらうのではなく、こちらが消費者の感情に共感してしまう可能性も大いにある。

間違った軸を選び、個性（エッジ）を消してしまうかもしれない。

適切な日に、あるいは適切でない日に、適切でない方法で、適切でない人に、適切でないストーリーを語ってしまうかもしれない。

だが、それはあなた自身に問題があるわけではない。

マーケターとしての〝仕事〟に問題があるのだ。

手術にしろ、園芸にしろ、マーケティングにしろ、うまくいかないことがあったとしてそれはあなた自身のことではない。仕事のことだ。

仕事はスキルを磨けばどんどん改善していける。

私たちは人間だ。仕事によってできあがるのではない。人間である私たちが、仕事を選んでいるのであり、仕事の改善を選ぶこともできる。

誰かがクリックしてくれなかったり、契約を更新してくれなかったりするたびに、いちいち自分個人のせいだと受け止めていたら、プロとして仕事はできない。完璧を求めて身動きがとれなくなる。個人的に非難されたと感じるから、ほかの人から共感も得られず、隅に追いやられ、やがて大ごとになるのだ。

それを避けるにはまず、マーケティングはプロセスであり技術である、という事実に気づかなければならない。

自分がろくろでつくった皿が釜のなかで割れたからといって、自分がひどい人間だというわけではない。ただ皿が割れたというだけだ。陶芸教室に通えば、うまくできるようになるかもしれない。上達する能力はあるのだ。

マーケターは、適切な人に教えたり、売ったりすればするほど、払ったお金よりはるかに価値があるものを顧客に与えられる。

慈善団体の資金集めで、１００ドル、１０００ドル、１００万ドルを寄付するのは、払った金額以上の価値が得られるときだけだ。プロダクトを１０００ドルで発売するなら、それを買う人は金額以上の価値を期待している。

私たちはマーケティングによって世の中に価値を与えている。だから、人は私たちと関わる。あなたのつくったものは価格以上の価値がある。顧客にとっては掘り出しものであり、贈りものでもある。

にもかかわらず、市場にプロダクトやサービスを出すのをためらうのは、慎重になっているのではなく、学ぶ必要のある人、関わる必要がある人、買う必要がある人から、その機会を奪っていることになるのだ。

あなたが市場に出てプロダクトやサービスを売り込めば、あなたがつくったより良いもので幸せになる人がいる。

入会する準備のできている生徒、導いてくれる人が必要な人や、どこか新しい場所に行きたい人がいる。その人たちに共感して手を差し伸べたり、話を聞いたりするのをためらえば、きっとがっかりさせてしまう。

積極的に人と理解しあおうとするのが、マーケターの役割だ。

そのためには、毎日自分を市場に売り込む必要がある。優しさと思いやりを持ち続ければ変化は起こるのだと自分を納得させるためにも。

あなたはすでに自分のストーリーを自分に語っているはずだ。それも毎日だ。

「自分は苦労している」というストーリーを、自分に語ってしまうかもしれない。誰にも知られていないし、伝える価値などないと語ってしまうかもしれない。自分は偽物で、詐欺師で、人を操っていると語るかもしれないし、人から意味もなく無視されていると語るかもしれない。

そうしたストーリーは、自分が望まない限り真実にはならない。だが、何度も語っていれば、それが真実になってしまう。

だから、ものごとをもっと良くしよう。

つくったものが顧客の要求をまったく満たさず、良い戦略がないにもかかわらず、せっかくつくったのだからと売り続けてしまうと、強引なマーケターになりかねない。

そんなときは、つくったものをぶっ壊そう。一からやり直しだ。自分が誇りに思えるものをつくり、売り込むこと。相手の目を見たときにその人が「次もお願いできますか？」と言ってきたら、〝生徒〟である目の前の相手が次のステップに行けるよう手助けしよう。価値のあるものが提供できたら、もう一度はじめからやろう。そしてそれを、またくり返す。

あなたの貢献を必要とする人がいる。もし誰かに貢献するのがむずかしいと感じるなら、それは自分に刻み込まれたストーリーのせいだ。

自分のために、自分に向けて、自分にマーケティングを行ってみよう。自分に語るストーリーはすべてを変えられる。それこそが、あなたがいなくなったとき、顧客に寂しがってもらえるあなたの価値をつくるものなのだ。

あなたが次に何をつくるのか。それがとても楽しみで仕方ない。

効果的なマーケティングをするための13の質問

1 誰のためのものか。
2 なんのためのものか。
3 消費者の価値観はどんなものか。
4 顧客は何を恐れているか。
5 どんなストーリーを語るか。それは真実のストーリーか。
6 起こそうとしている変化は何か。
7 顧客のステータスをどうやって変えるか。
8 アーリーアダプター（初期採用者）とネオフィリア（新しいもの好き）にどうやってアプローチするか。
9 アーリーアダプターとネオフィリアが人に話す動機は何か。
10 アーリーアダプターとネオフィリアに何を話してもらうか。
11 ネットワーク効果はどこで起こるか。
12 あなたはどんなパーミッション資産を築いているか。
13 あなたは自分がやっていることに誇りを持てるか。

おすすめ書籍（順不同）

おすすめしたい本は山ほどあるが、主にマーケティングに関する本、それも本書で言及している本を紹介する。

『キャズム』ジェフリー・ムーア著、川又政治訳、翔泳社、２００2年
『ロングテール：「売れない商品」を宝の山に変える新戦略』クリス・アンダーソン著、篠森ゆりこ訳、早川書房、２０１４年
『My Life in Advertising and Scientific Advertising』Claude Hopkins著
『「売る」広告』［新訳］デイヴィッド・オグルヴィ著、山内あゆ子訳、海と月社、２０１０年
『Ad creep』Mark Bartholomew著
『Who Do You Want Your Customers to Become? (A short modern classic)』Michael Schrage著（短いモダンクラシック）
『Creating Customer Evangelists: How Loyal Customers Become a Volunteer Salesforce』Jackie Huba、Ben McConnell著
『マーケティングとＰＲの実践ネット戦略』デビッド・マーマン・スコット著、神原弥奈子監修、平田大治訳、日経ＢＰ社、２００９年

『販売成約120の秘訣』ジグ・ジグラー著、松浦正隆訳、産業能率大学出版部、1985年（マーケティングと販売に関する本）
『ポジショニング：情報過多社会を制する新しい発想』アル・ライズ、ジャック・トラウト著、嶋村和恵、西田俊子訳、電通、1987年
『「紫の牛」を売れ！』セス・ゴーディン著、門田美鈴訳、ダイヤモンド社、2004年
『トライブ：新しい〝組織〟の未来形』セス・ゴーディン著、勝間和代訳、講談社、2012年
『マーケティングは「嘘」を語れ！：顧客の心をつかむストーリーテリングの極意』セス・ゴーディン著、沢崎冬日訳、ダイヤモンド社、2006年（マーケティング関連の私の本のなかで、重要な本の1つ）
『バイラルマーケティング：アイディアバイルスを解き放て！』セス・ゴーディン著、大橋禅太郎訳、翔泳社、2001年（もう1冊私の本）
『Direct Mail Copy That Sells』Herschell Gordon Lewis著（彼のコピーマーケティングの本の1冊）
『なぜみんなスターバックスに行きたがるのか？』スコット・ベドベリ著、土屋京子訳、講談社、2002年
『The Culting of Brands: Turn Your Customers into True Believers』Douglas Atkin著（隠れた名著）
『夢を売る：お客をわくわくさせる究極のセールス革命』ガイ・カワサキ著、秋葉なつみ訳、

東急エージェンシー出版事業部、１９９２年（見過ごされているが、すばらしい本だ）
『アントレプレナーの教科書：シリコンバレー式イノベーション・プロセス［新装版］』スティーブン・G・ブランク著、堤 孝志、渡邊 哲訳、翔泳社、２０１６年（マーケティング入門の重要な本）
『ティッピング・ポイント：いかにして「小さな変化」が「大きな変化」を生み出すか』マルコム・グラッドウェル著、高橋啓訳、飛鳥新社、２０００年
『Marketing: A Love Story: How to Matter to Your Customers』Bernadette Jiwa著（彼女の本はどれもすばらしい。全部おすすめする）
『Syrup』Max Barry著（過去最高のマーケティング小説）
『フリー：〈無料〉からお金を生みだす新戦略』クリス・アンダーソン著、小林弘人監修、高橋則明訳、日本放送出版協会、２００９年
『Rocket Surgery Made Easy』Steve Krug著（テストに関するすばらしい本）
『The Guerrilla Marketing Handbook』ジェイ・レビンソン、セス・ゴーディン著
『勝利の本質』レジス・マッケンナ著、牧野 昇訳、三笠書房、１９８６年
『ニューエコノミー勝者の条件 ：ウィナー・テイク・オール時代のマーケティング10則』ケビン・ケリー著、酒井泰介訳、ダイヤモンド社、１９９９年
『Talking to Humans: Success Starts with Understanding Your Customers』Giff Constable著（顧客と

の会話に関するブログがもとになった本）

『トム・ピーターズの経営破壊』トム・ピーターズ著、平野勇夫訳、ティビーエス・ブリタニカ、１９９５年

『トム・ピーターズの経営創造』トム・ピーターズ著、平野勇夫訳、ティビーエス・ブリタニカ、１９９５年

『ＷＨＹから始めよ！：インスパイア型リーダーはここが違う』サイモン・シネック著、栗木さつき訳、日本経済新聞出版社、２０１２年

『「新訳」経験経済：脱コモディティ化のマーケティング戦略』Ｂ・Ｊ・パイン、Ｊ・Ｈ・ギルモア著、岡本慶一／小高尚子訳、ダイヤモンド社、２００５年

『Meaningful Work』Shawn Askinosie著

『The Ultimate Question 2.0: How Net Promoter Companies Thrive in a Customer-Driven World』Fred Reichheld著

『ビジネスモデル・ジェネレーション：ビジネスモデル設計書：ビジョナリー、イノベーターと挑戦者のためのハンドブック』アレックス・オスターワルダー、イヴ・ピニュール著、小山龍介訳、翔泳社、２０１２年

『The War of Art and Do the Work』Steve Pressfield著（成功するとわかっているのに苦労する理由についての本）

謝辞

私は人のものを借りることしかできない。

空から稲妻のようにやってきた純粋で独創的なアイデアは1つもない。いつもすばらしいアイデアを借りて、変わったやり方でアイデアを組み合わせる。

だから、本書も次に私のアイデアを使う人に、何かしら役立つかもしれない。

本書では、いままでにないくらい多くの方にご協力をいただいた。

マイケル・シュレージからは変化というアイデアの芽を、ストーリーテリングですばらしい仕事をしているベルナデッタ・ジワと、トム・ピーターズからはあらゆることを。いくつかのテーマは、毎日更新している私のブログからだ。ほかには、パム・スリム、ジャキー・フバ、ジェニー・ブレイク、ブライアン・コッペルマン、マイケル・バンゲイ・スタニール、アレックス・ペック、スティーブン・プレスフィールド、ショーン・コイン、アル・ピッタンパリ、イシタ・グプタ、クレイ・ハーバート、アレックス・ディパルマ、デイビット・メアーマン・スコット、エイミー・コッペルマン、ニコル・ウォルターズ、ブレネー・ブラウン、マリー・フォルレオ、WillieJackson.com、ジャクリーン・ノヴォグラッツ、ジョン・ウッド、スコット・ハリソン、キャット・ホーク、マイケル・トレモンテ、ケラー・ウィリアムズ、ティム・

フェリス、パトリシア・バーバー、ハーレイ・フィンケルシュタイン、フィオナ・マッキーン、リル・ジグ・バレステロス、ジグ・ジグラー、デイヴィッド・オグルヴィ、ジェイ・レビンソン、シェリル・サンドバーグ、アダム・グラント、スーザン・パイヴァー、アリア・フィンガー、ナンシー・ルブリン、クリス・フラリク、ケビン・ケリー、リサ・ガンスキー、ロス・ザンダー、ベン・ザンダー、ミカ・シフリー、ミカ・ソロモン、テリ・トビアス、ティナ・ロス・アイゼンバーグ、ポール・ジュン、ジャック・トラウト、アル・ライズ、ジョン・アッカー、ロハン・ラジブ、ニキ・パパドポウロス、ヴィヴィアン・ロバーソン、The MarketingSeminar.comの寛大な生徒たち、そしてコーチのトラヴィス・ウィルソン、フランコイズ・ホントイ、スコット・ペリー、ルイーズ・カーチ、それからすばらしいケリ・ウッド、マリー・シャハト、サム・ミラー、フレイザー・ラロック。マヤ・P・リム、ジェン・パテル、リサ・ディモナに感謝を。それから、アレックス、サラ、レオ、フューチャー・ペック、altmba.comの卒業生とコーチにも感謝を捧げる。アレックス・ゴーディン、モー・ゴーディン、そしてヘレン・ゴーディンには重ねて感謝を申し上げる。

セス・ゴーディン

著者紹介

セス・ゴーディン (Seth Godin)

今、もっとも影響力のある作家、ブロガー。
altMBA、Squidoo、Yoyodyneの創始者。元Yahoo!副社長、Marketing Hall of Fameのメンバー。運営するaltMBAでは、リーダーのレベルを上げるための1カ月のワークショップを行う。毎日更新されるSETH'S BLOGは、数百万人に読まれ、世界でもっとも人気のあるブログの1つになっている。著書に『パーミッション・マーケティング』(海と月社)、『「紫の牛」を売れ！』『オマケつき！　マーケティング』(ダイヤモンド社)、『トライブ　新しい“組織”の未来形』(講談社)、『ダメなら、さっさとやめなさい！— No. 1になるための成功法則』(マガジンハウス)、『「新しい働き方」ができる人の時代』(三笠書房)、『「見えてる人」になるたった1つの法則』(実業之日本社)などがある。18冊の著書はベストセラーになり、35カ国語以上に翻訳されている。本書は、TheMarketingSeminar.comのサイトがもとになっている。

訳者紹介

中野眞由美 (なかの・まゆみ)

翻訳家。大阪府在住。訳書に『自信がつく本』(ディスカヴァー・トゥエンティワン)、『最強の経験学習』(辰巳出版)、『12週間の使い方』(パンローリング)、『呼び出された男』(早川書房、共訳)、『あかちゃんいまどのくらい？』(潮出版社) がある。

翻訳協力
株式会社トランネット
https://www.trannet.co.jp/

THIS《ディス》 IS《イズ》 MARKETING《マーケティング》　〈検印省略〉

2020年　7月　29日　第1刷発行

著　者——セス・ゴーディン
訳　者——中野 眞由美 (なかの・まゆみ)
発行者——佐藤 和夫

発行所——株式会社あさ出版
〒171-0022 東京都豊島区南池袋2-9-9 第一池袋ホワイトビル 6F
電　話 03 (3983) 3225 (販売)
03 (3983) 3227 (編集)
F A X 03 (3983) 3226
U R L http://www.asa21.com/
E-mail info@asa21.com
振　替 00160-1-720619

印刷・製本 神谷印刷 (株)

facebook http://www.facebook.com/asapublishing
twitter http://twitter.com/asapublishing

ISBN978-4-86667-208-3 C2034